DISCOVER CHINA

发现中国

Folk Villages

民俗胜地

林德汤 编

北京出版集团
北京出版社

图书在版编目（CIP）数据

民俗胜地 / 林德汤编. — 北京 ：北京出版社，
2020.10
（发现中国）
ISBN 978-7-200-14847-3

Ⅰ. ①民… Ⅱ. ①林… Ⅲ. ①乡村 — 介绍 — 中国
Ⅳ. ①K928.5

中国版本图书馆CIP数据核字(2019)第061093号

总 策 划：黄雯雯
策划编辑：杨薪誉
责任编辑：张亚娟
责任校对：刘孜慧
封面设计：王红卫　张琰
内文设计：魏建欣
责任印制：武绽蕾

发现中国
民俗胜地
MINSU SHENGDI

林　德　汤　编
*
北京出版集团
北京出版社　出版
（北京北三环中路6号）
邮政编码：100120
网　址：www.bph.com.cn
北京出版集团总发行
新华书店经销
天津联城印刷有限公司印刷
*
710毫米×1000毫米　16开本　14印张　246千字
2020年10月第1版　2020年10月第1次印刷
ISBN 978-7-200-14847-3
定价：78.00元

前言

中华文明是世界上最古老的文明之一，5000 年的悠悠岁月承载了无数的记忆。在这辽阔的土地上，那些历经百年风雨兴衰的古镇、古村，是中华民族创造的文明，是中华大地上永放光彩的珍宝。

无论是深山中的古堡，小镇中热闹又古朴的街道，或是令人如痴如醉的江南水乡，都让人从日常的喧嚣中抽离出来，穿越历史的大宅院、淳朴的风土人情。同样，大自然也偏爱这 960 万平方千米的土地，无论是蜿蜒的小径、参天的大树、一望无际黄灿灿的油菜花海，还是深山中的鸟鸣、飞虫，都令人向往。

乡村没有城市的忙碌，更多的是闲适、恬淡和舒缓。村民祖祖辈辈在这里扎根，有着数不清的乡愁融化在心底，这就是乡村不灭的灵魂。行走其间，凝望着形式别致的古桥，把自己融进时光的柔波里。既可在时光缱绻的小镇领略诗情画意，又能徜徉村中感受民俗风情。

本书遴选中华大地极具特色的 80 个民俗胜地，以细腻的笔触，从广阔的视角和不同方位图文并茂地展现各个村落的历史和现状，融文献资料、乡情民俗与村落文化于一体。本书分为“边陲美景”“水墨徽州”“醉忆江南”“八闽福地”“柔情岭南”“湘鄂黔之风”“川渝山地”“北国风光”8 个部分，既可感受水乡的柔美，也可观古朴的徽派建筑；既惊诧于山林深处有人家，又能邂逅异域风情小镇……

19 世纪 60 年代，维克多・雨果在自己的作品里写道：“历史是什么：是过去传到将来的回声，是将来对过去的反映。”打开这本书，眼前就会浮现出这样的场景：撑着油纸伞在悠远的古巷中穿行，摸着斑驳的墙壁，踩着光亮的青石板路，把心灵放空，在时光中感受绵长的历史；置身于深深的庭院，摩挲着石壁上的花纹，慢悠悠地泡一壶茶，怀旧的感觉油然而生；穿上鲜艳的华服，在篝火边载歌载舞，清脆的铃铛声便是民族的魅力……

目录

第一章 边陲美景 001

第二章 水墨徽州 031

第三章 醉忆江南

061

第四章 八闽福地

101

第五章 柔情岭南

117

第一章

边陲美景

从南到北，从东到西，从烟雨绵绵到冰封万里，静谧的边陲小镇，看别样的风景，体验独特的风土人情。

01

室韦

坐标：内蒙古自治区呼伦贝尔市

荣誉：中国十大魅力名镇之一

景点：木刻楞小木屋

◎ 俯卧在额尔古纳河畔的小镇

室韦又叫吉拉林，是一座位于内蒙古自治区呼伦贝尔市额尔古纳市北端的小城。它像一颗宝石一样镶嵌在大兴安岭北麓，地处日夜奔流不息的额尔古纳河畔，与俄罗斯小镇奥洛契仅一河之隔。

草原风光

特色水塔

室韦历史悠久，关于它的最早的文字记载见于北魏，到了唐代，室韦的分布日渐广泛，其中“蒙兀室韦”居住在额尔古纳河一带，过着游牧渔猎的生活。

室韦作为边陲小镇，有着独有的魅力。现在大多数人每天穿梭于钢筋水泥的世界中，连深呼吸都成了奢望。于是，很多人都想逃离城市，哪怕只有短短的几天时间。当你一头扎进室韦的“怀抱”，可以感受到心灵的放松。

在这里，你既可以享受蓝天、绿草、白桦林、神秘的玛瑙草原带来的惬意，又可以感受时缓时急的河水流淌着的沧桑。仰面躺在草原上，直视天空，那种特别干净的蓝会让你不自觉地“咯咯咯”地笑着；云朵似花，一朵朵白云低低地挂在天上；起身看成片的草地，绿中有黄，甚至泛着些红，颜色搭配得刚刚好。远处的牧人、羊群、骏马……构成了一幅绚丽的画卷。你会忍不住深呼吸，忍不住奔跑，忍不住欢呼。

1. 深秋雨后初晴古村风光
2. 特色木屋
3. 木刻楞小木屋

◎ 中国屈指可数的俄罗斯民族乡

室韦由汉族、俄罗斯族、蒙古族等10余个民族组成，常住的1800多人中，有30%的俄罗斯族人。当地建筑多为俄罗斯风格，室韦可以说是中国屈指可数的俄罗斯民族乡。

据说，在十月革命后，许多被流放的白俄贵族女子纷纷跨越国境，嫁给了闯关东到这里的山东汉子；同时，在俄罗斯的中国移民也携俄罗斯的家眷回到国内，定居在室韦一带，慢慢就形成了俄罗斯民族聚居区，至今仍保留着俄罗斯民族的生活习惯。在室韦，人不出国门便可以领略到俄罗斯的异国风情。

若你有幸身处其中，一定要到俄罗斯民族家庭感受一下。在这里，你可以吃到正宗的大列巴。不仅如此，热情好客的主人还会教你打列巴，品尝他们自己腌制的俄罗斯酸黄瓜、自酿的红豆酒，洗俄罗斯式桑拿，彻彻底底体验俄罗斯传统的家庭生活特色。也许只需一瞬间，你就会爱上这里。

02

额济纳

坐标：内蒙古自治区阿拉善盟

荣誉：拥有“中国航天第一港”

景点：东风航天城、胡杨林、黑城、神树、居延海

◎ 大漠深处的醉人胡杨

额济纳的神秘需要近身探访才能领略。额济纳位于内蒙古自治区的西端，东南与阿拉善右旗相连，西南与甘肃省毗邻，北与蒙古国接壤，边境线长507千米，是内蒙古自治区面积最大、人口最少的旗。东风航天城（酒泉卫星发射中心）在额济纳旗境内，被誉为“中国航天第一港”。

这里有醉人的胡杨。《后汉书·西域传》和《水经注》都记载了塔里木盆地有胡桐（梧桐），也就是胡杨。在库车克孜尔千佛洞和敦煌铁匠沟的第三纪古新世地层中部发现的胡杨化石，至少也有6500万年的历史。维吾尔语称胡杨为托克拉克，意为“最美丽的树”。由于胡杨具有惊人的抗干旱、御风沙、耐盐碱的能力，能顽强地生存繁衍于沙漠之中，因而被人们赞誉为“沙漠英雄树”。人们夸赞胡杨巨大的生命力是“3个1000年”，即活着1000年不死，死后1000年不倒，倒后1000年不朽。

大多数人是先知道胡杨林然后才认识额济纳的。每一个到额济纳的人都会发现，额济纳不是只有胡杨林。去额济纳的路上有不少“前方注意沙堆限速30”的标

志牌，在离额济纳40千米的居延海，是另一处别样的风景。这里有清澈的湖水，这里有胡杨树的枯树林，这里有一望无际的沙漠戈壁。

额济纳的黄金季节是秋天，也就仅有10天。额济纳河畔金色的胡杨林海，是大漠深处藏不住的醉人之地。胡杨林大多分布于达来呼布镇北部一道桥至七道桥一带，这儿的胡杨枝繁叶茂，枝干蜿蜒粗壮、盘根错节，给人以极其震撼之感。植根于额济纳河畔的胡杨向水而生、向阳而生。相信置身其中，会让每个人都有一场绚丽、斑斓的梦境。

有一种感同身受是身临其境。触摸了额济纳的土地，才真知它的美；站在河

1. 秋天如火的胡杨林
2. 居延海秋景飞鸟
3. 芦苇丛
4. 额济纳胡杨林

岸，看红柳舒展，观胡杨轻摆，望满眼金黄铺天盖地，感叹自然的伟大。

◎流动的沙漠

居延海位于内蒙古自治区阿拉善盟额济纳旗北部，形状狭长弯曲，有如新月，额济纳河汇入湖中，是居延海最主要的补给水源。居延是匈奴语，《水经注》中将其译为弱水流沙，在汉代时曾称其为居延泽，魏晋时称之为北海，唐代起称之为居延海。发源于祁连山深处的黑河，流经青海、甘肃、内蒙古三省区800余千米后，汇入巴丹吉林沙漠西北缘两片戈壁洼地，形成东西两大湖泊，总称居延海。

居延海被称为“流动的沙漠”，它是一个奇特的游移湖，位置忽东忽西、忽南忽北，湖面时大时小、时时变化。居延海是我国第二大内陆河黑河的尾闾湖。居延海为蒙古高原通往河西与西域必经之道，故既是匈奴联络蜡羌与河湟羌共同袭击汉朝的重要据点，又是汉朝出击匈奴的前沿阵地。居延海一带水草丰美，湖中生长着鲤鱼、鲫鱼、大头鱼、草鱼等鱼类，天鹅、大雁、鹤、水鸭等常来此栖息。

03

白哈巴

坐标：新疆维吾尔自治区阿勒泰地区

荣誉：中国最美的八个小镇之一

景点：阿尔泰山、白哈巴森林公园

◎身处白哈巴，似在画中游

白哈巴有西北第一村之称，位于新疆阿尔泰山山脉的山谷平地上，与哈萨克斯坦共和国的大山遥遥相望。阿尔泰山上茂密的松树林一直延伸到白哈巴村。白哈巴村依山傍水，村子里所有的建筑均由原木筑成，“人”字形的尖顶能将雨雪带来的安全隐患降到最低，同时具有独特的美感。

秋天是白哈巴最美的时候，黄叶成了无数摄影爱好者的最佳拍摄视角，这里还有带着烟火气的村民们扛着锄头在田间耕作，以及驴、兔、狗、飞鸟和村庄的炊烟。这些才是最接地气、最有温度的。

◎探寻中国的图瓦村落

图瓦人是一个神秘的族群，整个族群仅有3000人左右，他们隐世而居，世世代代生活在喀纳斯腹地。至于他们从何处来，无从考证。

冬季雪景

图瓦人素有“林中百姓”之称。在几乎与世隔绝的白哈巴，图瓦人世代以放牧狩猎为生。原始的部落生活赋予了他们不羁的野性，勇敢且彪悍，对一切都无所畏惧。他们擅长骑术、滑雪、射箭、摔跤，且喜歌善舞，保持着较原始的生活方式。白哈巴村到处都是图瓦人特有的建筑。早上雾气笼罩，日暮时成群的牛羊归家，构成了一幅白哈巴人与自然和谐相处的山水画。人若徜徉于此，犹如走进画中。

04

大理

坐标：云南省中部偏西

荣誉：中国首批24座历史文化名城之一、入选首届“小镇美学榜样”名单

景点：蝴蝶泉、苍山、洱海、大理古城、崇圣寺三塔等

◎漫步在大理

“是不是对生活不太满意，很久没有笑过又不知为何。既然不快乐又不喜欢这里，不如一路向西去大理……”不知道有多少人是听了《去大理》这首歌对大理有了憧憬。

苍山洱海边的大理历史悠久，是一座独具韵味的古城。行于其间，无须刻意寻觅，只须慢慢去感受它亘古的柔情。曾经的岁月悄悄镌刻在青石古道上，历史的痕迹依稀可见，细品起来，回味绵长，耐人寻味。城内由南到北，一条大街横贯其中，深街幽巷，由西到东纵横交错，青瓦屋面配以鹅卵石堆砌的墙壁，无不彰显着大理的古朴、别致和优雅。

西、北、东、南4座城门分别叫作苍山、三塔、洱海、双鹤。其中蕴含的故事不止一个。既然来了大理，就不能只来一次。要知道，遇见大理，你便找到了另一个自己。你怎么会舍得弄丢另一个自己呢？深入探寻，慢慢寻找，在过程中体味美好。

崇圣寺三塔倒影

◎隐藏着四大家族前世今生的千年古镇

在大理众多古镇中，最有特色的当数喜洲古镇。走在喜洲古镇的老街上，明清时期的建筑会不时地撞进你的视野。随意走一走、看一看这些保存完好的几进院落的三房一照壁民居，你会发觉，时光在转瞬流逝，每一步的丈量都是历史的跨越。

喜洲古镇的四大家族分别是永昌祥的严家、锡庆祥的董家、鸿兴源的杨家和复春和的尹家，他们曾是喜洲帮的代表。严家位居四大家族之首，掌门人严镇圭开创的“永昌祥”店铺为云南近代著名店铺之一，被誉为“白族商界的精英”；董家的董澄农从一个旧锡矿的废渣里发现了含钨70%的钨砂，创办了“大成实业公司”，成为比严家更富有的巨商；杨品相宅门楼的精巧程度在喜洲相当有名，“杨家门楼”作为喜洲三宝之一，整座门楼气势恢宏，串角飞檐，斗拱层叠，间或有精巧大理石画镶嵌其中，极为别致精巧；尹家开的店铺叫“复春和”，宅子叫尹辅成院，如今成了民宅，院子体现出三房一照壁、四合五天井的白族建筑特色，是四大家族宅子中最具年代感的。

大理要追寻的历史还很悠久，大理要考究的文化还很绵长，每一处都值得驻足感受。

05

丽江

坐标：云南省丽江市

荣誉：国家级历史文化名城、世界文化遗产

景点：四方街、木府、五凤楼、黑龙潭、文昌宫、王丕震纪念馆、雪山书院、王家庄基督教堂、方国瑜故居、白马龙潭寺、顾彼得旧居、净莲寺、普贤寺等

◎ 走进丽江，体验古朴的人文风情

说起云南，最先想到的必是丽江。

丽江古城位于云南西北部，海拔2400多米，夏无酷暑，冬无严寒，主要有纳西族、汉族、白族、藏族、彝族、普米族等10余个民族，其中纳西族人口占全城人口的2/3。非要给丽江下个定义，那么它一定是一座古朴淡雅的小镇。为什么说“古朴”呢？是因为它沉淀着千百年的历史，家家门前绕水流，户户屋后垂杨柳，蓝天、白云、石拱桥，小河流水、大红灯笼，温暖的阳光、熙熙攘攘的人流，有着独特的风韵。

每年的农历六月二十四至二十六，是彝族、白族、纳西族、基诺族、拉祜族等民族的火把节，又称为东方的狂欢节。丽江作为多民族聚居的地方，每到火把节前夕，都会被浓浓的节日氛围笼罩着。丽江虽不是繁华的大都市，但是它热情奔放，是一座包容许多民族的小城，在这样一个传统节日里，让置身于丽江的人感受最美的人间烟火。

幽静的青石板路

◎ 身心放松，静享惬意之所

来到丽江，可以把你从喧嚣的烦躁中隔离出来。这座始建于宋末元初的古城，又叫大研镇，历经了数个朝代，才有了现如今我们看到的模样。无论怎么变迁，它始终是一座古朴安详的小镇，没有聒噪，没有繁华都市的脂粉味道。

古城中街道纵横交错，四方街、青石板、小桥流水，所有的一切都透露着小镇的静谧。由于气候的原因，青石板湿漉漉的。建筑透着古朴的气息，不似江南水乡建筑那样精致，不加后期修葺的古韵更为浓厚，更让人愿意去亲近，因为接近自然的才让人最为踏实。丽江古城的小桥流水和江南又不尽相同，或许是纳西族风格赋予了它别样的风情。徜徉于古城，可以不用带意识出门，全身心地放松，静享惬意。如果累了，就找个地方坐下来，看人来人往。相信这时的你，心是最豁达的，也是最纯净的。

06

束河

坐标：云南省丽江古城北部

荣誉：中国魅力名镇

景点：九鼎龙潭、青龙桥（大石桥）、四方听音广场、博物馆、四方街

◎ 束河不是河

束河，纳西语称为“绍坞”，又称龙泉村，位于云南省丽江古城北部，为丽江古城组成部分。因村后聚宝山形如堆垒之高峰，以山名村，意为“高峰之下的村寨”，是纳西先民在丽江坝子中最早的聚居地之一，是茶马古道上保存完好的重要集镇。束河古镇坐东朝西，背风向阳，村后山林为玉龙雪山南下之余脉，山形秀丽，植被茂密，白沙岩脚院有凤凰山，为丽江木氏发祥之地，相对大研古镇来说，这里更为幽静，保留了更多原汁原味的传统文化。古镇以四方街为中心，数条小路辐射散开，到了尽头又连为一体，潺潺的溪水顺着路面穿镇而过，流向远方。水和路相依相偎，形影不离。古镇的巷子比较多，名字也奇特，诸如西山巷、红叶巷、藏客巷、聚宝街、铁花巷等。

徐霞客是爱束河古镇的，《徐霞客游记》中有过这样的描述：“过一枯涧石桥，西瞻中海，柳暗波萦，有大聚落临其上，是为十和院。”现在漫步于古镇中，仍然可以找寻到这种感觉，仿佛时间在这里停住了脚步。用脚步丈量着古镇的每一

古城外草原风景

寸土地，迎面而来的淳朴的纳西遗风、斑驳的青石板路面、悠闲的抽烟老人、潺潺的流水、绿油油的菜地，当年的茶马古道莫不也是此番景象？

◎ 感受扑面而来的市井烟火气

总觉得烟火气浓重的地方才是生活的地方。束河，就是这样一个地方。纳西族妇女钟爱银饰，头上、手腕，甚至脚上都有饰品。配上红蓝白服饰，肩上披着一个缀有七个小圆片的羊皮披肩，有个好听的说法，那就是“披星戴月”。披肩的形状如青蛙，据说，青蛙是纳西族人的图腾，象征纳西族人勤劳苦干、子孙后代繁衍不绝。

还好镇子没有过于商业化，在镇子的某一个拐角处有个小吃摊，卖油炸豆腐块、干子、果栗肉、煮粉条，路过的人们都会忍不住深深地吸一口气。纳西族人的节日很多，每年农历二月初八是纳西族人的传统节日，由北岳庙会演变而来。这一天，男女老少一起涌进镇里，或采购物品，或跳舞对歌，热闹非凡。农历六月二十五至二十七，在“四方听音”大殿戏台上，古镇要举办纳西火把节，表演歌舞节目，通宵达旦。农历七月初七情人节，纳西族少男少女会齐聚街头，围篝火、弹古琴、唱情歌、抛香袋，寻找意中人。

这扑面而来的浓浓的市井烟火气，让人觉得自然又真实。

07

香格里拉

坐标： 云南省迪庆藏族自治州

荣誉： 入选“2019中国最美县域榜单”

景点： 普达措国家公园、石卡雪山、独克宗古城、噶丹·松赞林寺、虎跳峡等

◎探索童话般的香格里拉

香格里拉位于滇、川、藏3省区的交会处，是古代茶马互市的重要集镇之一。神奇的香格里拉，堪称人间天堂，拥有普达措国家公园、独克宗古城、噶丹·松赞林寺、虎跳峡等景点，其中普达措国家公园是香格里拉最美之地。普达措国家公园，湖水清澈，天空湛蓝，林涛载水声，鸟语伴花香，像个童话世界，更像是牧民的后花园。说到这儿，很多人会羡慕当地牧民“抬头看日月，闭眼闻花香”的惬意生活。

藏族、汉族、傈僳族、纳西族、白族等26个民族共同居住在一起，各民族的文化交融，形成了多元化的特点，有着甘青草原文化、中原文化、滇域文化、土著民族文化汇集的烙印。

香格里拉随处可见草甸毡房，敲开一户藏族同胞的毡房，飘在空气里的酥油茶和青稞酒的味道令人垂涎。每到黄昏，诵经声和祷告声响彻天宇。就在这一瞬间，觉得自己已与香格里拉融为一体。

寺庙夜景

◎ 独特的民俗风情

深入香格里拉，不仅要看风景，更要感受当地的民俗文化，会让你了解不一样的香格里拉。农历二月初八，是纳西族最热闹的节日，尤以三坝乡白地村最热闹。节日期间，远近赶来参加者数以万计，还有藏族、彝族、回族等百姓参加；农历五月初五前后为赛马节，是香格里拉各族民众最为隆重的传统民俗节日，也是藏族人民在春天里的一次盛大集会；农历七月十五，是尼汝藏族具有浓郁特色的传统节日之一登巴节，还是藏族农业地区生产性传统节日；藏历十二月二十六至二十九是格冬节，为藏传佛教寺院专门组织的一种跳神驱鬼的宗教活动。

看了风景，感悟了民俗文化，每个人心中的香格里拉便是立体的、不同的。希望在这片净土上，每个人都能找寻到属于自己的香格里拉。

1. 普达措国家公园

2. 虎跳峡风光

08

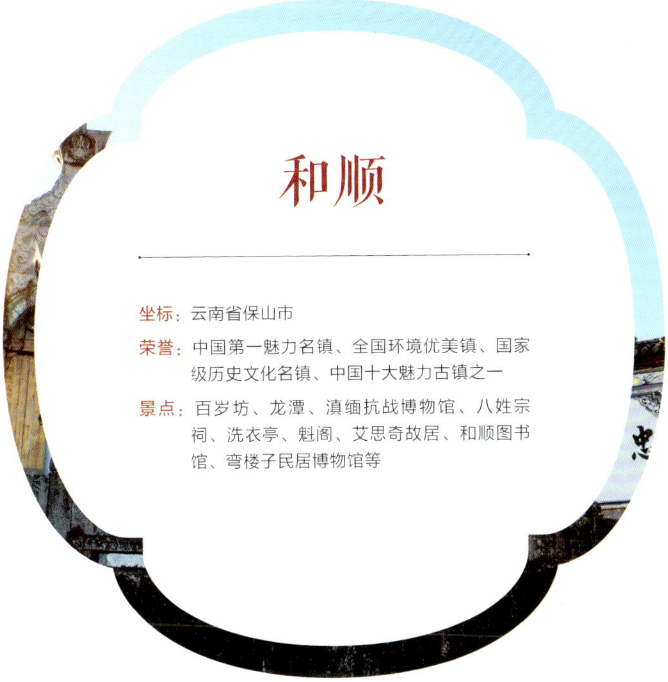

和顺

坐标： 云南省保山市

荣誉： 中国第一魅力名镇、全国环境优美镇、国家级历史文化名镇、中国十大魅力古镇之一

景点： 百岁坊、龙潭、滇缅抗战博物馆、八姓宗祠、洗衣亭、魁阁、艾思奇故居、和顺图书馆、弯楼子民居博物馆等

◎一座可以让人放弃奔波的极边之城

和顺镇曾是马帮重镇、古“西南丝绸之路”的必经之地，位于云南省保山市。不管你有多么劳顿，只要置身于小镇，所有的疲惫就会烟消云散。环山中的白墙灰瓦、照壁牌坊，古老的火山台地之上是成千幢依山傍水的特色民居，仿佛举手投足间便可触摸到斑驳的岁月和浓重的文化气息。

漫步于和顺老街，感受淳朴的民风，享受这绝美的景色。“远山茫苍苍，近水河悠扬，万家坡坨下，绝胜小苏杭。”这座有着600多年历史的边陲小镇拥有多处明清时期的祠堂、牌坊、古宅。和顺有着和它名字一样的包容、谦和，唯美的田园风光、别致的小桥流水，以及在阳光中斑驳的五花石，所有的这些足以让经过此地的每个灵魂得到平静。

村口有一座古石拱桥，桥面的石缝中透着点点斑驳的青苔，有一种“苔痕上阶绿”的感觉。村民中80%都是原住民，这些茶马古道中人的后代，秉承了先人的热情好客，随意推开一扇门，迎接你的定是一张笑脸。墙上“嘀嗒”作响的老钟，落

1
2 | 3

1. 寸氏宗祠
2. 古镇风光
3. 中天寺

满了灰尘的玻璃灯罩，主人侃侃而谈的神情……有那么一瞬，会有一种走进远古的感觉。

◎ 肃穆的国殇墓园

隐于群山之间的和顺，既具世外之境，亦有柴米之味，纵然只是一瞥，也会迷失在它的流连阡陌里。和顺是静谧且凝重的，这不只和断壁残垣留下的古老气息有关，还有那座国殇墓园。

和顺，如此祥和之地，却在数十年前经历了纷飞战火。有一群为国出征的勇士，永远留在了这片土地上。进入墓园，看着山上密密麻麻的墓碑，这里安葬着3000多名中国远征军将士和十几位盟军官兵。山之上，国有殇，让人止不住落泪，这是一份不可磨灭的情感。

09

磨西

坐标：四川省甘孜藏族自治州

荣誉：召开过著名的磨西会议

景点：泸定桥、天主教堂、金花寺、海螺沟冰川森林公园等

◎有别于都市的多民族聚居小镇

磨西古镇位于四川省甘孜藏族自治州泸定县境内，群山环抱，看似与世隔绝，却从未被世间冷落。这里有茶马交易，物贸繁荣。虽隐于世，却不离凡尘。这里最早的居民为汉族和藏族，房屋古朴，属清代建筑风格。依稀还有法国人留下的痕迹，如天主教堂等。中西文化的交融给古镇增添了另一番情趣。

磨西一词由一种现在已经消失了的少数民族语言音译而来，磨西的本义是宝地，饱含了先民对于这片土地的祝愿。不能简单地把这里当作一个景点来看待，因为走马观花式地游览很难融入其中，更体会不到它的美。让时间慢下来，慢慢闲逛，品一品当地特色的吃食，看一看原汁原味的康巴表演，听一听当地人说话，感受一下既不过于原始，也不过于现代的生活，找到自己想要的契合点才是重要的。

1. 云雾中的海螺沟
2. 冬季海螺沟雪景
3. 海螺沟的佛教建筑

◎红色情怀永难忘

人们乍一听磨西古镇，似乎还是有些陌生，但一提到“贡嘎雪山”“抢渡大渡河”“飞夺泸定桥”，大家就熟悉了。磨西古镇在二万五千里长征中，是一个重要的转折点。1935年5月27日，红军从安顺场出发，经海尔洼、田湾、菩萨岗、猛虎岗，向磨西、泸定方向前进。5月29日傍晚，红军抵达磨西。由于雨大天又黑，通往泸定的山路全是悬崖峭壁，毛泽东和军团部队夜宿磨西，当晚住在磨西天主教堂神甫楼。晚上10点，毛泽东在神甫楼和朱德、周恩来、王稼祥、张闻天、陈云、邓小平、秦邦宪、林彪等召开会议，史称“磨西会议”。会议决定：红军不去康定，因为兵员、粮食得不到补充；通知部队有序通过泸定桥，先过人后过马；征求陈云意见，中央准备派他出四川到上海恢复被敌人破坏的党组织，而后去苏联向共产国际汇报中国革命情况；通知部队抓紧筹集补充粮食。

而今的磨西古镇安详且宁静，血雨腥风的战争早已随大渡河水远远流去，留给我们这些后人的，只有难忘的红色回忆，对先烈的无限敬意，一如远处宁静的贡嘎山。

古镇风光

10

黑井

坐标：云南省楚雄彝族自治州

荣誉：云南四大古镇之一、中国历史文化名镇

景点：龙祠、武家大院、飞来寺等

◎ “盐城”黑井古色古香的建筑风格

黑井古镇地处云南省楚雄彝族自治州禄丰县龙川江畔，有着上千年的历史，自古以来是产贡盐的地方，因盐而生，因盐而盛，也因盐而衰，是云南四大古镇之一。这座“盐城”虽已失去了昔日的辉煌，却留下了古色古香、具有唐宋风貌的坊巷，颇具明清风格的民居，碑刻、石雕、古塔、石牌坊、古戏台以及古寺庙、古盐井、煮盐灶户等，特别是享誉省内外的、保存完好的明清建筑的代表——武家大院，吸引了众多的海内外游客。置身于这个与世隔绝的小镇，你会感受到淳朴的民风，欣赏到秀丽的风景，仿佛穿越千年回到古代。如今的古镇，依然保留着四街十八巷的传统城镇格局，街道两侧的商铺、马店、民居多为石木结构，下店上宅或前店后宅，形成“一楼一底一商铺”的商住一体建筑格局。文庙、诸天寺、飞来寺等明清古建筑，是历史兴衰的见证者。

古镇全貌

◎ 充满传奇色彩的武家大院

武家大院是黑井古镇比较著名的一处明清建筑，至今保存完好。据史料记载，武家大院是当年黑井镇上有钱有势的大盐商武氏家族的宅第，始建于清道光十六年（1836年），清咸丰七年（1857年）扩建竣工。大院依山而建，呈“王”字形，纵一横三，布局独特，由4个天井组成，有99间房子和108扇门，建筑面积达1万平方米，四通八达，规模宏大，是云南罕见的古民居建筑群之一。

大院坐西向东，大门开向北方，其平面格局取“六位高升、四通八达、九九通久、王隐其中”4个意境来设计。当年，大院的主人曾请来京城有名的建筑师，设计上还融入了法式风格，从大门到内堂，整座大院气势雄伟，构思奇巧。站在武家大院南厢房3楼，可鸟瞰黑井古镇全貌，这算是武家大院奇特的设计之一。如今，武家大院里所有客房都被改成了宾馆客房，前院也改成了茶室。曾经的亭台楼阁、雕梁画栋、木刻花窗仍存，在这里喝茶下棋，怀古品今，实在是人生一大惬意的事情。时间像是滤镜，过滤掉的是记忆中的封尘，留下的是一代芳华，武家大院就是如此。

11

罗平

坐标：云南省曲靖市

荣誉：全国旅游百强县、全国文明县城

景点：金鸡峰林、九龙瀑布群、多依河、鲁布革小三峡、万峰湖等

◎寄托人们美好愿望的罗平

罗平古镇原名罗汉场，因早年在这个码头上有一个罗汉堂而得名。后来，由于码头地处水运黄金段，匪患、战乱不可避免，人们渴望太平的生活，遂改名太平场。后来，满怀祝福与希冀的人们将“罗汉”与“太平”各取一字，即罗平。罗平位于眉山城东南20千米处，与青神县隔江相望，曾是河东一大集镇，也是旧时的水陆码头。留存至今的元代的报恩寺，记录了这座古镇的悠远。罗平临江，曾是古眉山的几大渡口之一。南来北往的商船在这里停靠，带来了盐、茶、绸缎等货品，捎来了远方的消息，更让这里的人们开阔了心胸与眼界。

◎带你领略独特的风光

马家大院始建于明朝，曾是罗平大户人家马氏的宅第。院内有一棵罗汉松，据说为明朝时期所种。如今，马家大院只剩残垣，唯独院中的罗汉松，见证了几百年

1　1. 远望美丽的油菜花梯田
2　2. 晨光中的金鸡山

的历史风霜与人世的悲欢离合之后，依旧挺立。马家大院的后门有一口古井，井深12米，开挖于明朝晚期。马家大院如今成了老茶馆和老年人活动中心。走过老茶馆、铁匠铺，一路经过竹编铺、渔船工坊，街的尽头是药王庙。药王庙为清朝中期建造，面积有500多平方米，石木结构。庙内供奉有四大天王，正厅供有药王菩萨。逢初一和十五，附近百姓会到此祭拜，祈求安康。庙西侧，有制造于清朝咸丰年间的石质水缸，是药王庙的专用消防设备，至今完好，药王庙昔日的热闹繁华由此可

见一斑。药王庙旁，有一座奇特的“树包庙”。很久以前，在老榕树的旁边有一个小小的土地庙。后来榕树长大了，用盘曲的根和枝干将土地庙包裹起来，独独在庙门处留了一个供奉土地的门，于是就有了今天的“树包庙”。许多年前，在罗平这个繁华的古渡，跑水路的人走南闯北，每个人都祈求顺利、平安，所以不管是药王庙还是“树包庙”，香火都很旺盛。

油菜田

第二章

水墨徽州

烟霞百里，粉墙黛瓦，山水长卷画不完的流动的水墨徽州。

12

西递

坐标：安徽省黄山市

荣誉：中国十大魅力名镇之一、全国文明村镇、全国环境优美乡镇、中国最值得外国人去的50个地方之一

景点：牌楼、走马楼、东园、西园、敬爱堂等

◎不负时光，探寻悠悠古镇

西递古镇位于黟县东部，素有中国古代和现代历史的衔接点、明清古民居博物馆、桃花源里人家、古民居建筑的艺术宝库等美誉。据说，西递是由胡氏家族子孙繁衍延绵而成的古村落。

西递古镇所有街巷均以黟县出产的青石铺地，古建筑为木结构、砖墙维护，木雕、石雕、砖雕丰富多彩，巷道、溪流、建筑布局相宜。村落空间变化错落有致，建筑色调朴素淡雅，体现了皖南古村落人居环境营造方面的杰出才能和成就。西递既有古徽州精湛的“三雕”建筑艺术，又有富有内涵的人文景观，从而形成了底蕴深厚的徽州地域文化的显著特征。村前矗立着明万历六年（1578年）修建的胡文光刺史牌楼，雕琢精绝，巍峨高耸，为我国石坊建筑之瑰宝。

1. 蜀都湖自然景观
2. 红灯笼装饰的房屋及独特的牛角屋檐
3. 胡文光刺史牌楼

◎ 古村落中的诗情画意

漫步村中，满眼都是粉墙青瓦，青石铺路，街巷相连，镂空门罩和那层层叠叠的飞檐戗角，外加绚丽奇特的马头墙。走进民宅，厅堂雕梁画栋，描金飞彩，栏板斗拱，窗扇、菱花门全是木雕佳品。天花板上装饰有绚丽的彩绘，厢房板壁配有典雅的书画。厅堂挂有内涵丰富、寓意深刻的古楹联，不仅予人以美学之享受，且晓人以处世哲理。还有那具有徽派特色的前庭后院，全都缀以花坛水池，隔以低墙漏窗，饰以砖石雕刻，植以花木盆景，真是绚丽多姿，美不胜收！目前，古镇对外开放的有凌云阁、胡文光刺史牌楼、瑞玉庭、桃李园、东园、西园、大夫第、敬爱堂、履福堂、青云轩、膺福堂、笃敬堂、仰高堂、尚德堂、枕石小筑、惇仁堂、追慕堂等20余处景点。

古镇雨巷，油纸伞下是散发着丁香花花香的江南少女，乘着一缕春风，缓缓地走来。西递就像一块硕大的画板，雨巷、青石板、丁香一样的姑娘，便是那画中景。

13

宏村

坐标：安徽省黄山市

荣誉：世界文化遗产、国家首批12个历史文化名村之一、首批中国特色小镇

景点：南湖春晓、书院诵读、月沼风荷、牛肠水圳、双溪映碧、亭前古树、雷岗夕照

◎ 独特的地理位置

黟县是安徽省黄山市下辖的一个县，建于秦始皇帝二十六年（前221年），是徽州文化的发源地之一，地处徽州山区西部，南部盆地群山环抱，清溪南流。黄山山脉西段横亘县境中部，三府尖海拔1227米，为全县最高点。宏村2000年被联合国教科文组织列为世界文化遗产，是国家级重点文物保护单位、安徽省爱国主义教育基地、国家AAAAA级景区。

宏村有“画里乡村”之称，全镇完好地保存了140余幢明清民居，主要景点有南湖春晓、书院诵读、月沼风荷、牛肠水圳、双溪映碧、亭前古树、雷岗夕照等。

◎ 一个按照“牛”的形象设计的人工水系

宏村古镇无论是选址还是布局都和水有着直接的关系，是一座经过严谨规划的古村落。宏村的水系是比较健全的，每个小院落门前都有涓涓细流通过。村内外

1
2

1. 雨中古村
2. 徽派建筑风格

人工水系的规划设计精致巧妙，“人文景观、自然景观相得益彰，是世界上少有的古代有详细规划之村落”。宏村还有“中国传统的一颗明珠”“研究中国古代水利史的活教材”的美誉。宏村的人工水系是按牛的形象设计的，有“牛犄角”“牛心”“牛肠”等处，细细琢磨还真有些道理。一汪永不干涸的清泉，东西两条河流环抱左右，在祖先的遗梦中，牛是富裕的象征，水是福泽子孙的保证。为此，家族的女头领胡重娘依据对祖先遗梦的解读，把新建的村庄规划为一个“牛”形村落：凿清泉以为池塘，引西溪水为补充，扩大为“月沼”，成为想象中的“牛胃”，通过两个出水口，建成纵横交织、共长1300余米的上水圳和下水圳，通向村子里的家家户户，水圳被称为“牛肠”，水圳的水经过使用之后，全部汇聚到村南被称为“牛肚”的南湖。

14

南屏

坐标： 安徽省黄山市

荣誉： 入选“2019年中国美丽休闲乡村”名单、中国历史文化名村

景点： 抱一书斋、穆贤堂、冰凌阁、南熏别墅、叶氏宗祠等

◎遇见最美南屏

南屏村有300多座明清古建筑、36眼井、72条巷；在从村头到村尾200多米的中轴线上，至今保留着8个规模不一的祠堂，包括宗祠、支祠和家祠，被誉为“中国古祠堂建筑博物馆”。除祠堂群外，村子的古私塾园林和古民居建筑也比比皆是。村庄的建筑排列有序，小巷深处，曲径通幽，高耸的院墙让人无法分辨方位，像进了迷宫一样。

半春园位于村庄上首，建于清光绪年间，园中有3间大书屋及半月形的庭院。位于叶氏宗祠前的西园，建于清乾隆五十六年（1791年），园内设有牡丹园、梅竹园、山水园、松柏园四大部分。无论是半春园还是西园，都是南屏私塾园林的代表，除此之外，还有培阑书屋、陪玉山房、梅园家塾等。

1. 碧山书局
2. 奎光堂
3. 村口的古石碾

◎被誉为“中国影视村”的徽派古村落

因为南屏错落的建筑，成片的古祠堂群，使得这个古村落得到了众多导演的青睐，《复活的罪恶》《大转折》《菊豆》《卧虎藏龙》等多部影片在这里取景。序秩堂是电影《菊豆》的取景地，80%的镜头都在这里拍摄，如今祠堂内依然保持着拍摄时的场景；奎光堂是电影《卧虎藏龙》的取景地。保留下来的拍摄场景及道具，和上千年的建筑相融在一起，并没有格格不入，反而成了南屏的别样景致。

15

唐模

坐标：安徽省黄山市

荣誉：中国水口园林第一村、全国文明村

景点：檀干园、同胞翰林牌坊、镜亭、沙堤亭、高阳桥等

◎ “唐朝模范村”

唐模村始建于唐代，兴盛于明代和清代，历史上曾因经济活跃、民风淳朴，被誉为“唐朝模范村”。古有民谣“唐模、棠樾，饿死情愿”，足见唐模自古以来物阜民丰，人杰地灵，富甲一方。

如此一个人杰地灵的地方，选址和布局花费了不少心思，充分体现了人与自然的和谐统一。村中田园风光幽雅别致、亭坊街桥古韵悠悠，特别是水口园林和潺潺水街，使人备感阴柔与平和。近现代诗人许承尧曾赞美道：“喜桃露春浓，荷云夏净，桂风秋馥，梅雪冬妍，地僻历俱忘，四序且凭花事告；看紫霞西耸，飞布东横，天马南驰，灵金北倚，山深人不觉，全村同在画中居。”美学家郭因游览后赞道：唐模是清新平和中见玄妙。唐模以千年银杏之茂、修造“西湖”之孝、中街流水之美、“十桥九貌”之胜、名家碑刻之雅、同胞翰林之誉遐迩闻名，堪称徽州古村落的典范。

1. 晒秋活动
2. 挂满祈福红丝带的老槐树
3. 古老工具——水车

◎ 梦回唐朝，不如来唐模

唐模村以狮子山为支撑点，现而今村中还保存着较完好的青石板路，一条小溪穿村而过，溪上有一座清代建造的高阳桥。过桥便可见小溪南面的古银杏林，林前有太子塘，塘右侧有太子庙。紧依太子庙是一座典型的古徽建筑——状元府。过高阳桥沿小溪北面而下，有尼姑庵和许氏大祠堂。再往前便可见到闻名中外的唐模小西湖。越过小西湖，即见全国罕见的同胞翰林牌坊。八角亭、蜈蚣桥深深掩藏在葱郁的樟树林中。唐模村堪称一座园林式古建筑博物馆。

16

屯溪

坐标：安徽省黄山市

荣誉：位列第一批革命文物保护利用片区分县名单

景点：花山谜窟、老街、新安江延伸带、龙山寺、程氏三宅、戴震纪念馆

◎堪称流动的“清明上河图”

屯溪老街位于黄山市中心地段，北面背倚华山，南面濒临新安江，是一条保存完好的古老而繁华的步行商业街，是由新安江、横江、率水河三江汇流之地的一个水埠码头发展起来的。明弘治《休宁县志》中就已有“屯溪街”的名目记载。清康熙《休宁县志》记载有：“屯溪街，县东三十里，镇长四里。”

老街的建筑群沿袭了宋代风格，同时也继承了徽州民居的传统建筑风格，规划布局具有鲜明的徽派建筑特色。老街包括1条直街、3条横街和18条小巷，以及不同年代建成的300余幢徽派建筑，呈鱼骨架形分布。老街虽历经几度兴衰，至今仍然保持着明清时期的街市风貌：茶楼酒肆、书场墨庄、匾额旗招、朱阁重檐。马头墙鳞次栉比，石板路意境幽古，店铺参差错落，老字号流光溢彩，活力依旧。

1. 雨中老街夜市

2. 特色纸扎花灯

◎ 徽州文化点滴渗透老街各处

屯溪老街是博大精深的徽州文化的集中展示窗口，有以粉墙、黛瓦、马头墙和砖雕、石雕、木雕为主要特征的徽派建筑文化；以同德仁药店为代表的新安医学文化；以书画、匾额、楹联为代表的新安书画文化；以老街一楼、老徽馆为代表的徽菜文化；以歙砚徽墨为代表的文房四宝文化；以三味茶馆等为代表的徽州茶文化；以及以馆藏器物和工艺品为代表的民间器物文化，是独具特色的文化旅游休闲街区。

清代著名思想家、学者、“乾嘉学派”的代表人物戴震是屯溪隆阜人。位于屯溪老街立新巷1号的戴震纪念馆，是我国唯一一座陈列和收藏戴震学术贡献、生平事迹和研究成果的纪念馆。整条老街有店铺300余家，其中历史久远的就有60多家，诸如“同德仁”“茂槐”“老福春”“汲古轩”“艺林阁”“徽宝斋”等老店。屯溪老街还是蜚声海内外的徽州传统工艺品的加工、制作、展示、销售中心。这里还有黄山毛峰、太平猴魁、祁门红茶、屯溪绿茶等享誉中外的名茶。

黄山西海大峡谷霞光

17

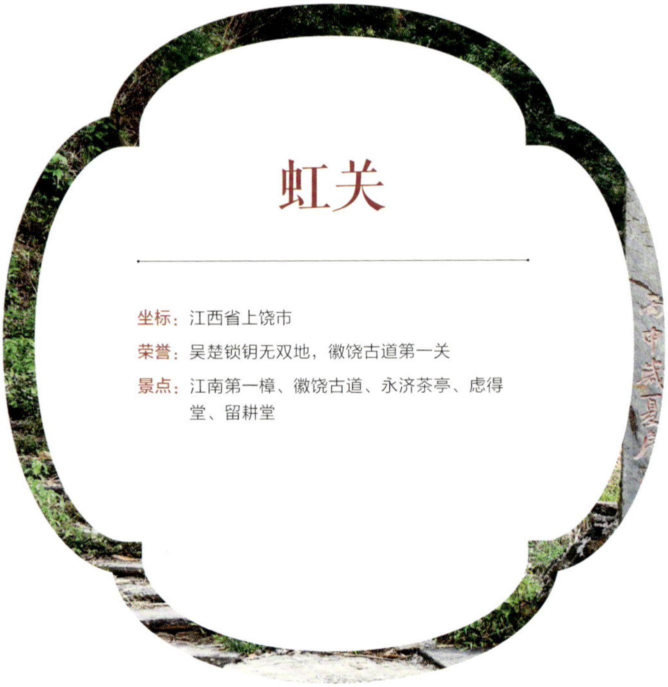

虹关

坐标：江西省上饶市

荣誉：吴楚锁钥无双地，徽饶古道第一关

景点：江南第一樟、徽饶古道、永济茶亭、虑得堂、留耕堂

◎虹关何处落徽墨

虹关古村始建于南宋，有“吴楚锁钥无双地，徽饶古道第一关”之称。村头溪畔，兀然挺立着一棵古樟，树高26.1米，直径3.4米，冠幅约2000平方米，气势非凡，有诗赞云“下根磅礴达九渊，上枝摇荡凌云烟”，被誉为“江南第一樟”。关于古樟的树龄，众说不一，一般认为当在千年左右，而古樟旁的古驿亭有一副字迹斑驳的楹联：“试问几何年曰宋曰唐古樟自晓；溯回多少事论荣论辱浙水长流”，不得不感叹，一切事物在渐远的时光面前都是无力的。放眼望去，古樟树下面，一条青石板铺成的古驿道蜿蜒远去。

穿村而过的浙源水及徽饶古道在炊烟袅袅中将些许琐碎的日常生活变成了一幅恬谧幽静的水墨画。人在画中，画在人中。昔日贩夫走卒、野老道者的身影在徽墨涂抹的山水间渐行渐远，一丝淡淡的忧伤悄然浮现在心底，雨滴从瓦片上、树叶间滚落下来，将人们带进梦里故园。虹关村是明清时期享誉全国的徽墨产地，至今许多著名墨师的宅第保存完好。沿着古老阁楼的木质楼梯慢步而上，听着楼梯被踩得

月亮湾夏日风光

“咿呀”作响，生怕拂去了岁月的痕迹，更怕踩破了一锭遗落的留着明代印迹的徽墨。一切似在画中游，不如索性取一截虹关徽墨，去描绘心中的故乡。

◎ 徽饶古道

徽饶古道是虹关著名的驿道，由青石板铺成，蜿蜒于村落山水之间，远远看去像一幅绝美的画卷，沿途有“鲤鱼跳龙门”景。清乾隆年间，虹关村的墨业大师詹方寰以此景为题，创制“龙门墨”，正面有“龙门”金字，背面是鲤鱼跳龙门图案。由于墨好又蕴含吉祥之意，龙门墨曾经畅销天下。在徽饶古驿道的许多石阶上，有被车轮碾成的凹槽，是古道当年车水马龙的历史佐证。

18

查济

坐标：安徽省宣城市

荣誉：全国文明村镇、中国历史文化名村

景点：走马楼、二甲祠、如松塔等

◎ 我国现存规模最大的明清古村落

查济村是一座深藏在群山中令人称奇的古村落，明清时期的民居古建筑群，坐落在流水潺潺的查济河两岸，黝黑的屋瓦、浅灰的马头墙连成一片。

这些明清建筑雕梁画栋，戗角飞檐，其中德公厅屋、诵清堂、爱日堂等住宅更是高大宏伟、结构精致。尤以德公厅屋四柱三层牌坊式门楼，五朵斗拱屋面，略带戗角分三层覆盖门楼，古朴典雅、雄浑大方。背面以镂雕手法雕出二龙戏珠、丹凤朝阳、鱼跃龙门、狮子滚绣球等吉祥图案，手法娴熟精美。在查济随处可见石雕、砖雕、木雕。门窗扇格的木雕、厅堂柱础的石雕、门楼的砖雕，均繁刻精镂，玲珑剔透、画面各异，或花鸟，或禽兽，或人物，无一不栩栩如生。房屋结构为多进式，或三进，或四进，进间有“四水归堂”式的天井，沿天井二楼廊廓置有“美人靠”；条石砌就墙基，柱基为圆形雕石，墙体青砖，屋上黑瓦。

村中古桥

◎ 家规越千年

查济的查氏族人订立了一系列的家规、家训及家理。到明嘉靖年间，查氏后人查绛又进行了整理，共订立了家规10条、家训14条和家理5条。在祭祀礼仪上，主要内容是以孝道和祖先崇拜为中心而展开的。查济现存的遗迹主要是祠堂和牌坊，它们都深深地打上了氏族时代彰显孝道和祖先崇拜的烙印。仁让坊矗立在村口，“仁”是儒家思想的根本，是核心的精神要求；“让”乃中庸之道，谦和忍让是对个体在社会中处理人际关系的一个基本要求。现存的贞节牌坊是为一个叫徐秀姑的女人而建的，上书“奇节性成”4个大字，据牌坊上文字记载，徐秀姑14岁到查家，还未成婚，未来的丈夫就死于疾病，从此她即以处女之身守寡一生。

在查济的民居、祠堂、牌坊、桥梁、墓室等建筑上，处处都有“三雕”的身影，或优雅，或雄浑，或繁复，姿态各异，美轮美奂。在这里，我们可以看到古人对于生活物件的讲究，建造时的敬业精神，以及对于美的不懈追求。

1
2

1. 祠堂
2. 诵清堂

19

理坑

坐标：江西省上饶市

荣誉：全国百个民俗文化村之一

景点：明清官邸、民宅

美丽的油菜花

◎ 最深处的人文风景

理坑位于江西省上饶市婺源县沱川乡，建于北宋末年。理坑非李坑，原名理源，被称为深山进士村，村口写有“山中邹鲁”“笔锋兆汉”等，村人好读成风，崇尚“读朱子之节，服朱子之教，秉朱子之礼”，历史上，共有七品以上的官宦36人、进士16人、文人学士92人，被文人学者赞为“理学渊源”。

与大多数南方民居一样，理坑的房屋也是依着山麓、抱着田园、逐着溪水而建。村口建有“理源桥”，阐明了“理坑”村名的由来。村中至今仍保存完好的古建筑有明代万历年间户部右侍郎、工部尚书余懋学的“尚书第”，明代天启

天井

年间吏部尚书余懋衡的“天官上卿”，明代崇祯年间广州知府余自怡的“官厅”，清代顺治年间司马余维枢的“司马第”，清代道光年间茶商余显辉的“诒裕堂”，还有花园式的“云溪别墅”，园林式建筑“花厅”，颇具传奇色彩的“金家井”。这些古建筑粉墙黛瓦、飞檐戗角，“三雕”工艺精湛，布局科学合理，冬暖夏凉，是生态文明的典范，是建筑艺术的博览园。理坑已被定为省级重点文物保护单位，为全国百个民俗文化村之一。

◎ 戴望舒笔下的悠长雨巷

理坑嵌于锦峰秀岭之中，苍松翠竹与粉墙黛瓦互衬倩影。理坑六尺巷的地面铺满整块的青石，雨天更显油光锃亮。理坑有戴望舒笔下悠长悠长的雨巷，每一个读过《雨巷》的人，都渴望偶遇丁香一样的姑娘。

长着青苔与冒着杂草的青石板小巷两边，是“吱呀吱呀”开了又合的木门，天空偶尔有白色的飞鸟掠过。在淅淅沥沥的小雨中，撑着一把油纸伞，独自漫步在千年古巷中，不需言语，只需静静聆听细雨敲打灰瓦的声音，便是一曲极美的乐章。

20

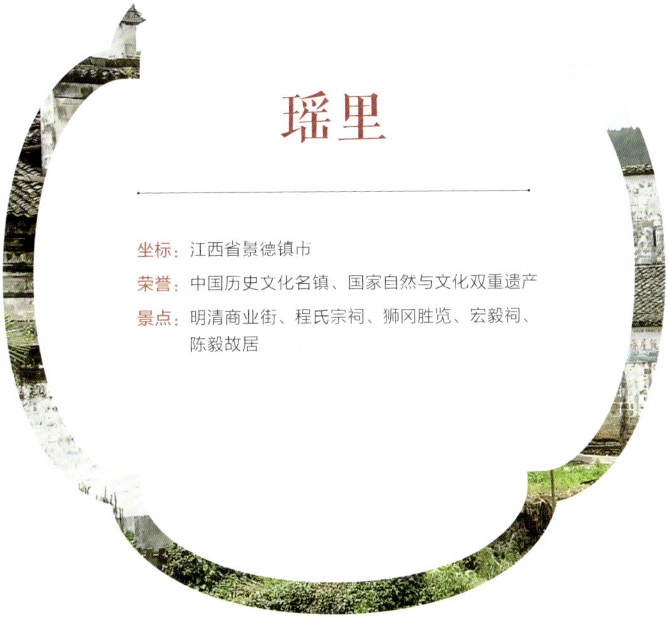

瑶里

坐标： 江西省景德镇市

荣誉： 中国历史文化名镇、国家自然与文化双重遗产

景点： 明清商业街、程氏宗祠、狮冈胜览、宏毅祠、陈毅故居

◎ 瑶里古镇的底色

瑶里，古名“窑里”，因是景德镇陶瓷发祥地而得名。瑶里“高岭”是闻名世界的陶瓷胜地，是世界闻名的“高岭土”的命名地，现遗存古矿坑127条、古窑址67座、水碓149乘、古作坊600处、古码头100个。

瑶里古镇狮冈胜览、程氏宗祠充分展示了徽派“三雕”艺术的精美，这里还有进士第、陈毅故居、抗日动员大会会场旧址、红军游击队驻址、明清商业街、徽州古道等景点，都值得去感受一下这里曾经的兴衰和历史痕迹。同时还有反映瑶里独特风土人情的灯彩、地戏等。

人才辈出的瑶里，是西汉长沙王吴芮、南宋开国侯李椿年、清朝工部员外侍郎吴从至等历史名人的故里和邻里。

1. 瑶里古镇田园风景
2. 汪湖原始森林风光
3. 廊桥流水

◎ 人间失落的天堂

江西古镇中，婺源像是过于张扬的贵妇，而瑶里更似养在深闺人未识的少女。瑶里犹如古朴素雅的江南山水图，清悠、典雅、空渺，充满了诱惑。雨后，在安静的村落散步，悠然自得。古镇南踞象山，北卧狮山，一条逶迤清澈的瑶河贯穿东西，沿河错落有致地分布着数百幢明清古建筑，飞檐戗角，粉墙黛瓦，掩映在青山绿水之中。信步在古镇青石铺就的街巷中，仿佛走进了明清社会的历史画卷。

来到这里定会让你流连忘返，瞬间抛开俗世烦恼。漫步烟雨迷蒙的小巷中，隐匿林间的粉墙黛瓦映入眼帘，伴随着小桥流水人家和深深庭院，有种穿越历史的感觉，让心灵找到一方栖息的驿站。

远望徽派民居及乡间小道

21

思溪

坐标： 江西省上饶市

荣誉： 入选第二批国家森林乡村名单

景点： “三雕”工艺（砖雕、石雕、木雕）、敬序堂

◎满眼都是明清古建筑

思溪村由俞姓始建于南宋庆元五年（1199年），因地处清溪旁，故以鱼（俞）水相依之兆而取名“思溪”。村子位于江西婺源县思口镇境内，整个村落以明清古建筑为主，村内以青石板铺地，古建筑群背靠青山，面临清溪和稻田，四周绿地环绕，村庄与秀水青山的自然风光融为一体。思溪村现在的建筑大部分是明清时期的建筑，粉墙黛瓦，给人一种朴素淡雅之感。

村落整体色彩效果为黑白相间，从远处看是大面积空白的粉墙，而粉墙上嵌有高低有序的小小洞窗，形成整体与局部、面与点的对比效果，体现“道法自然”的意蕴，里外墙着重采用了马头墙、山墙的建筑造型，尤其是马头墙的屋檐角向上飞翘，在蔚蓝的天际勾画出民居墙头与天空的轮廓线，更增加了空间的层次韵律美。

敬序堂

◎ 细说敬序堂

建于清雍正年间的敬序堂，是思溪村规模较大的古民居，而且是保存最完好的住宅，由庭院、正厅、后堂、花厅、厨房及花园组成。

敬序堂朝北，门前开阔，紧临思溪，由于主人贡举出身，又有个官衔，自然比一般住宅优越、气派。走进大门，迎面的一道门称为“仪门”，俗称“中堂门”。平时，门扉紧闭，只有贵客来了才会敞开。走过这道门，果然不同凡响，天井阔大，厅堂宽敞，楼上是走马回廊环绕。这所厅堂及其陈设，是典型的清代风格，上门头高悬“敬序堂”匾，下挂中堂画，两边楹联。条桌上摆放着自鸣钟、花瓶、镜子，这叫“东瓶西镜”，谐音“东平西靖”，就是说，不管你走东还是闯西，都能平安宁静。这是家人对经商在外的主人的一份祝愿，加上自鸣钟，更有终身平靖之意。

敬序堂的花厅下铺金砖青石，上覆斗拱藻井。值得一提的是花厅木雕，非常精美，戏剧人物形神兼备，山水鸟兽动态逼真。这个小庭院精巧玲珑，仰望绣楼，那出露的横枋上，雕刻着“琴棋书画”图案。在这样的一栋老宅里，欣赏古旧的建筑，体会博大精深的徽州文化，吃着味美可口的当地风味饭菜，实在是一种享受。

22

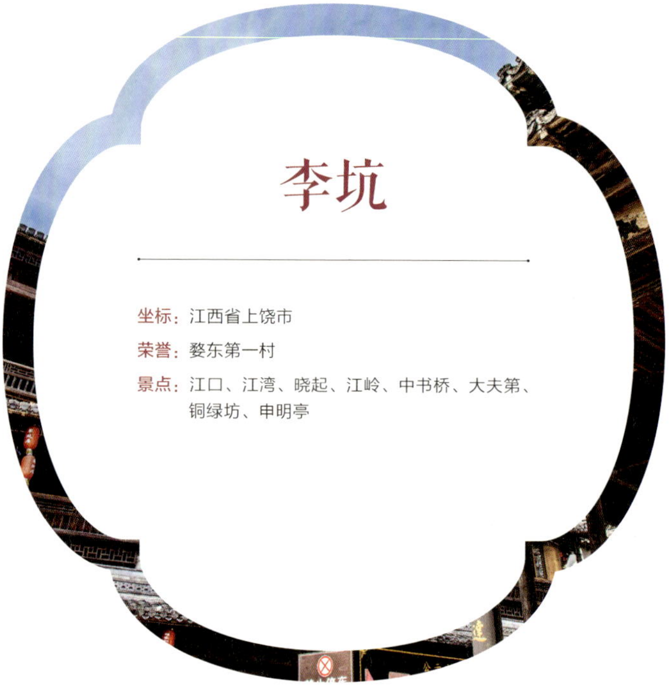

李坑

坐标： 江西省上饶市

荣誉： 婺东第一村

景点： 江口、江湾、晓起、江岭、中书桥、大夫第、铜绿坊、申明亭

◎ 以李姓聚居为主的古村落

李坑，顾名思义，是以李姓聚居为主的古村落，堪称千年徽派古建筑群的代表。街头巷尾，九曲十弯；青石栈道纵横交错，各种溪桥有数十座，相互交叉，无不笼罩着一种宁静祥和的氛围。半路上有一处名为月亮湾的景点，依山傍水，水面上有小舟一两叶，和远处高低错落的徽派民居互相辉映，形成一幅绝美的水乡画卷。

大夫第位于李坑最显著的位置，也是李坑保护相对完好、最重要的一幢古宅。大夫第建于清咸丰年间，是五品奉直大夫李文进的官邸。与其他徽式建筑相比，这幢官宅无论在规模上还是内部结构方面都不同，着重体现了官家的风格。石库门枋属于典型的徽派建筑风格，展现出官家的气势。门前的三步台阶，按照明清时期营造法规制，只有官宅才允许在门前造三步台阶，寓意“连升三级”。

1
2

1. 古民居
2. 申明亭

◎ 小桥流水人家

李坑村盛行的傩舞，是我国古代长江流域流行的一种舞蹈。

傩舞起源于一种祈福和祷告的仪式，有戴着各种夸张面具的舞者翩翩起舞，有着鲜明的巫术色彩。后来逐渐发展成民间舞蹈。傩舞的面具种类繁多，流传下来的有四五十种，一般为木雕，脸谱生动，忠奸贤愚、喜怒哀乐都是表现的主题。傩舞的传统节目有《开天辟地》《刘海戏金蟾》《双猴捉虱》等数十个，舞蹈动作粗犷而朴实。

油菜花海

第三章

醉忆江南

在乌篷船上，看春水碧绿如玉；斑驳的青石桥，承载了千年的记忆；手抚温婉的苏绣，游荡在梦中的水乡。

23

西塘

坐标： 浙江省嘉兴市

荣誉： 中国首批历史文化名镇

景点： 西园、醉园、廊棚等

◎ 独享西塘慢生活

在一个地方久居，时间长了就会忽略掉原本的美。这个时候，需要偶尔生活在别处些时日，停下脚步放松一下身心。很多人对江南水乡有着无法割舍的情愫，特别是自有一种清新脱俗之感的西塘，更是众人的必选。

地处江浙沪三省市交界处的西塘，素有“吴根越角”之称。这座千年古镇，宅弄自然是它的特色，分为连通两条平行街道的街弄、前通街后通河的水弄以及大宅内设在厅堂侧面的陪弄，122条巷弄纵横交错，构建了古镇的整体框架，并连接了新、老镇区。曲径通幽，行至尽头，豁然开朗，别有洞天。弄堂斑驳的墙壁，散发着时光的味道。傍河而建的千米廊棚，是西塘建筑最独特的标志，里面是民居，用棚子顺着屋檐接出来，可以遮阳挡雨。晚上，坐着游船静看两岸，会有不一样的感觉。

倚着栏杆发呆，偶尔有几句吴侬软语飘进耳朵里，嘴角不自觉地上扬，这种慢生活真好。

夏日风光

◎ 细数几个你不知道的西塘民俗

美人靠——最早的美人靠是吴王夫差为了讨好西施而建，被称为吴王靠。又因靠的剖面为流线型，形如鹅颈，又称鹅颈靠。此样式靠椅在江南一带临河而建，每个人都能靠，也可叫每人靠。

船鼻子——埠与船只有着密不可分的关系。在河埠旁的岸壁上，砌有系船缆绳的孔眼石，用于固定船只。这就像绳子穿在牛鼻子上一样，所以孔眼石就被称作船鼻子。船鼻子在实用的基础上讲究美观效果，通常被雕琢成如意、花瓶、暗八仙等纹样，极富传统文化情趣。

系缆石——状似莲花的系缆石，是供过路舟船停泊系缆用的，一个缆石上可同时拴几根缆绳，这也是古镇上为数不多的几种公共设施之一。

高阶沿——明清时期的大户人家特别是临河的人家讲究财不外露，有“小小蟹洞里能摸出个大螃蟹来”所比喻的建筑特点。如果稍加留意，人们往往在大门口就能观察到主人身份或身价的特征。在明代，建筑用石一般用青石，但到清代，由于“青石”的“青”与“清朝”的“清”同音，改用毛石。西塘镇内有的人家门前阶沿有1尺（1尺=33.33厘米）多高，就是明代时门前用青石铺地到清代再用整条毛石盖上去形成的。

24

乌镇

坐标： 浙江省桐乡市

荣誉： 浙江省历史文化名城

景点： 西栅、东栅、江浙分府、江南民俗馆等

◎这里有你想要的理想生活

位于浙江省桐乡市的乌镇，距今已有约7000年的历史，是典型的中国江南水乡古镇。在这里可以享受慢时光，午后点一杯熏豆茶，倚栏听水，放空心绪，美美地做一场梦。到了乌镇，可以无所顾忌地摘掉面具，或诗意，或悠闲，在这里好好地做一回自己，我们生活的理想不就是为了理想地生活吗？

一定要宿在乌镇，早上可如乌镇人一般：赶早市、吃早饭、喝早茶，由内而外地去体验、去感受，融入这座城。早餐过后，悠闲漫步于老街，邻里街坊互相打着招呼，感受生活本来的样子。不用去理会生活中的烦恼，只感受一种久违的宁静，一种枕水江南的慢生活，就够了。站在任意一座石桥上，看着晨光从西市河尽头铺陈开来，一点点照暖全身。是的，这里有你想要的理想生活，还允许你做梦，多好。

古色古香的建筑、小巧玲珑的游船、形态各异的石桥、绿影婆娑的柳树、蜿蜒曲折的小河，以及清澈见底的河水，让置身于乌镇的人们流连忘返。

古镇夜景

◎ 乌镇为何叫乌镇

相传，唐代有位名叫乌赞的将军，武艺高强、英勇善战。当时的唐朝中央政府实力日渐变弱，各地官吏开始叛乱，割地称王。浙江刺史李琦也举兵叛乱，打破了这里原本和平的生活，兵荒马乱，民不聊生。皇帝命乌赞为大将军、吴起为副将，一起平定叛乱。李琦本是文官，并不擅长带兵打仗，听闻乌赞前来平乱，吓没了半条命，短兵相接没多久便转身逃跑了。乌赞见状，穷追不舍，一直追到了车溪河边，李琦军队跑得筋疲力尽，亮出免死金牌要求休战。乌赞见李琦有免死金牌便答应日后再战，就地安营扎寨。谁料，小人嘴脸的李琦，半夜偷袭乌赞的营地，乌赞率兵抵抗，李琦军队退至车溪河边，快速过了桥。乌赞紧追，骑马在桥上刚走了一半路程，便被夺面而来的一阵乱箭射死。

随后赶来的吴起率兵杀退了叛乱的军队，将乌赞埋葬在车溪河边。当地百姓为了纪念乌赞将军和他的青龙驹，就将当地称为乌镇和青镇，之后合称为乌镇。

1 1. 晨光中的拱桥

2 2. 白莲寺

25

南浔

坐标： 浙江省湖州市

荣誉： 江南六大古镇之一、中国历史文化名镇

景点： 小莲庄、藏书楼、文园、张氏旧宅、百间楼

◎ 探寻明清两代古镇

南浔位于江浙两省交界处，北濒太湖，东接江苏省苏州市，地处长三角城市群的中心腹地，是湖州市接轨上海的东大门，有“文化之邦”和“鱼米之乡”之称，这里人才辈出，有民国闻人张静江、西泠印社发起人之一张石铭以及著名诗人徐迟等。

人杰地灵的南浔，拥有名甲天下的辑里湖丝、“文房四宝”之一的善琏湖笔、“轻如朝雾、薄似蝉羽”的东方工艺之花双林绫绢以及全国知名的菱湖淡水鱼养殖基地和规模较大的木地板生产基地，汇聚了中西文化、儒商文化、湖笔文化、园林文化、古桥文化、灯谜文化，享有中国湖笔之都、中国古桥保存最集中的地区、江南六大古镇之首之美誉。从高处俯瞰南浔古镇，有一种岁月静好之美。南浔由南林和浔溪两村组合而成，有7000余年历史，从明万历年间到民国初年，是南浔古镇最富庶的时期。

1. 古镇夜景
2. 特色建筑风格
3. 张氏旧宅

◎南浔的特有民俗

南浔古镇处处透着悠闲和惬意。它特有的民俗，更是让人念念不忘。喝茶：镇上的人有喝茶的风俗，特别以镇郊的壮年、老年农民居多。他们为了喝早茶、听逸事新闻、互通农贸市场买卖行情，深更半夜起身，赶几里地，摸黑进镇。他们喝完茶，再顺便把带来的鸡、鸭、蛋等农副产品在茶馆附近卖掉，然后采办些油盐酱醋或花布、小孩吃的零食之类的物品带回家去。当然，茶馆除了早茶，也有午茶和晚茶，喝茶的大部分是镇上的居民。一些规模较大的茶馆，附设“书场”，喝茶者可以边喝茶边听书，成为昔日乡镇文化生活的一大景观。端汤：女儿出嫁后，一般都住在男方家，在生小孩前月余，娘家要准备衣、物馈赠女儿，称之为端汤。端汤礼送的物品，大多是红糖、鸡蛋、奶粉等，还有的送自己缝制的小孩儿衣服、尿布等物。除娘家外，做产女子的公婆、男方亲戚，也都备礼端汤。撑腰糕：农历二月初二，时值农闲将尽、春耕在即之际，当地农村此日要吃撑腰糕（即米粉做成的糕），意为壮腰强身，农作劳动免腰痛。现在农村仍保留有吃撑腰糕的习俗。三朝面：婴儿出生第三日，俗称“三朝”，一般人家都要吃“三朝面”。主人家以加盖鸡、鱼肉等菜肴的面，款待亲友，分送近邻。此习俗现今仍有延续，有的家庭，三朝日会到面店购买“浇头”面票，分送同事朋友以庆之。

郭洞

坐标：浙江省金华市

荣誉：江南第一风水村、中国历史文化名村

景点：新屋里、何氏宗祠、水口

◎ “江南第一风水村”

郭洞既不是城郭，更不是山洞，而是一处中国民俗文化村。

据《武义县志》记载，郭洞村的历史可追溯到宋代，发达于元代。元至正十年（1350年），武义后生何寿之进山看望居住在郭洞村的外婆，但见此地翠嶂千重，古木参天，碧溪双注，奇峰迭现，何寿之流连忘返，顿生迁居之意。后他征得任广东按察司副使的外祖父、在朝做参军的外公及父母的同意，至郭洞筑宅置产。此后640余年，何氏子孙绵延，现有后裔近5000人，成了香火旺盛的名门望族。令郭洞人引以为傲并不绝于口的是其先祖英才辈出，从宋徽宗时的丞相何执中起，世代书香，仅明清两朝，就考出贡生10名、增广生14名、廪膳生10名、秀才114名。旧时的郭洞人把人才荟萃的原因归功于郭洞风水。

亭桥流水

◎ 奇特的建筑特色

郭洞的地形独特，三面山环如障，确为福地。双溪汇注，天赋灵性。难得北面留一平地，远处又有左、右青山相拥，恰好应了“狮象把门”之说。双溪汇合后沿西山环村而流，跨溪而建一座回龙桥，用以包裹住这块宝地的风水。

关于回龙桥，另有一段传说。回龙桥原称石虹桥，先人告诫，石虹不能垮，“其桥既坏，村中事变频兴，四民失业，比年灾浸，生息不繁”。于是村民根据卦象着眼于地势，选址建桥。此后，此桥几经修毁。乾隆年间，在拱桥顶上建石柱方亭，更加美观。回龙桥和十里外的石苍岭以及北山上的塔成一条直线，由此可见古人看风水造运势的一番苦心。

郭洞水口尤具特色。回龙桥东为400米高的陡峭龙山，山上是云罩雾笼的百亩原始森林，一直和荆棘丛生、危岩密布的西山相连。桥下溪水湍急，桥外有一道5米高的坚厚城垣，一条大路由此穿过。旧时，村民均由城门出入。城门有副石刻楹联：“郭外风光古；洞中日月长”，横批为“双泉古里”。

27

俞源

坐标： 浙江省金华市

荣誉： 中国历史文化名村

景点： 七星塘、七星井、俞氏宗祠、声远堂等

◎ 全国唯一的太极星象村

俞源村坐落在浙江省金华市武义县西南部，现存明清古建筑395幢，布局奇异，罕见的古建筑群和精致的木雕、砖雕、石雕，以及一个个不解之谜吸引着国内外众多游客。据《俞氏宗谱》载，俞源村系按照明代第一谋臣刘伯温依天体现象设计的村庄布局建造的。

俞源村名胜古迹众多，古屋、古桥保存完好，木雕、砖雕、石雕精美，巧夺天工。始建于南宋的洞主庙，是远近闻名的圆梦圣地。村口有占地面积8万平方米的巨型太极图，村中布有七星塘、七星井，人文景观与自然景观紧密融合，是古生态文化的经典遗存，是考察、观光、游览的首选之地。

◎ 神奇的俞氏宗祠

俞氏宗祠建于明代隆庆年间，是俞涞的4个儿子为其所建，原称孝思庵，后被

鸟瞰太极星象村

1. 画家笔下的俞源
2. 古戏台碧云天
3. 擎台阁迎元宵展演

毁，重建后改为宗祠。据说，俞氏家族之所以人才辈出，是因为俞氏宗祠恰好坐落于天枢、天璇、天玑和天权四星所组成的七星“斗魁”之内，而“魁星”又称为文昌星。

俞氏宗祠堂号极富诗意，为流水堂。俞氏宗祠为三进二院，共五十一间。不管是正厅、中厅或寝堂及两侧的庑厢、廊房均高低有序，错落有致，犹如天成。站在天井中环视宗祠：厅堂轩敞，廊柱挺拔，屋梁稳重，“三雕”精美绝伦。虽然岁月的青苔遮盖了由鹅卵石组成的图案，巧夺天工的技艺已不够明显，但饱经沧桑的飞檐、牛腿、门雀却从未停止述说俞氏家族的辉煌历史，尤其是古戏台对面正厅中央由武英殿大学士严讷赠送的“壬林堂”大匾，更是把俞氏家族当年的声望和地位彰显得淋漓尽致。

28

诸葛村

坐标：浙江省兰溪市

荣誉：2017名村影响力排行榜300佳之一、2019年12月入选第二批国家森林乡村名单

景点：大公堂、大经堂、丞相祠堂、钟池、隆丰禅院等

◎ 诸葛亮后裔聚居地

诸葛村又名八卦村，是迄今发现的诸葛亮后裔的最大聚居地。自元代中期诸葛亮第27世孙诸葛大狮迁居此地以来，其后人不断兴建祭祖宗祠，谨遵祖训，信守家规。诸葛村至今保存有完好的丞相祠堂、大公堂，以及数十座房派厅堂，分别以房派宗祠或祖屋为核心形成团块，又以这些团块再组成整个村落，房靠房，弄接弄，左右牵制，首尾呼应，高低错落，井然有序。

村中建筑格局按“八阵图”样式布列，且保存了大量明清古民居，是国内仅有、举世无双的古文化村落。村子地形如锅底，中间低平，四周渐高。四方来水，汇聚锅底，形成一口池塘，这就是钟池。钟池是诸葛村的核心所在，也是布列“八阵图”的基点。钟池面积并不大，但这口池塘半边有水半边为陆，形如九宫八卦图中的太极。以钟池为中心，有8条小巷向四面八方延伸，直通村外8座高高的土岗，其平面酷似八卦图。小巷又派生出许许多多横向环连的窄弄堂，弄堂之间千门万户，许多古老纵横的民居星罗棋布。接近钟池的小巷较为笔直，往外延伸时渐趋曲

鸟瞰诸葛村

折，而许多小巷纵横相连，似通非通，犹如迷宫一般。外人进入小巷，通常会迷失方向。

诸葛村如此布局，迄今说法不一。有人认为这种布局是诸葛后人根据诸葛亮阵法的精髓而设计的，既是对祖先的一种特殊纪念，也是对诸葛亮“八阵图”的变相保存；诸葛后人虽然不嗜争强斗狠，但战备意识很强。如此布局，有利于在钟池一呼百应，从四面八方包围来犯之敌，无形中增大了取胜的把握。

◎ 乡愁最难忘

自明代后半叶起，诸葛村的村民专长于经营药业，到了清代，已在全国开设了300多家药店。待商人们盈利后，纷纷回馈乡土，回乡修建房屋。慢慢地，繁华的街面市场取代了庄严的大公堂和丞相祠堂而成为村落生气勃勃的中心。

晴日美景

1
2

1. “乡会两魁”牌坊

2. 祠堂内精美的木雕

前童

坐标：浙江省宁波市

荣誉：浙江省历史文化名镇、浙江省旅游城镇、中国历史文化名镇

景点：八卦水系、大夫第宅、群峰簪笏等

◎ 被称为“浙东丽江”不是空穴来风

前童古镇始建于宋末，盛于清，有保存完好的古宅、老街和鹿山、石镜山、孝女湖等景观。满眼的老街、亭台、牌坊交相辉映，令人仿佛穿越到了古代。前童古镇既像一幅古韵浓重的乡村画，又似一段悠扬的江南丝竹调。走进其中可真切感受“家家有雕梁，户户有活水”的灵性，有一种不似水乡、胜似水乡的感觉，这里是研究浙东民俗文化的好去处。

这里街巷狭小，建筑密集，身处其中就如走迷宫一般。村落按“回”字九宫八卦式布局。青藤、白墙、黑瓦、石窗以及雕梁画栋的门楼，显出昔日繁华之景象。走进屋内，便可以看到屋檐上的木雕和窗户上的石雕。漫步于卵石小径，幽碧的河水在路边静静地流淌，身旁是透着历史气息的青砖墨瓦，镂窗雕棂，脚下是嵌图道地（天井）。赶上淫雨霏霏的春日，你便可以看到呈现出古朴、纤丽和清幽多个层面的古镇。此刻，你一定很想成为峨冠博带的士人，抑或是裙衩飘扬的浣女，或者更想成为栖隐田园的隐士。到了前童一定要登鹿山，因为在鹿山顶可以俯瞰前童

1 | 2

1. 冬日江南小巷

2. 每家都有流水经过

全貌。鹿山不高，因形似卧鹿而得名，当地人则视其为吉祥神山，世世代代精心守护。还有千古名木、神奇药泉、《徐霞客游记》开篇地梁皇山等，更为前童增添迷人的魅力。

◎浙东保存至今的最具儒家文化古韵的小镇

从鹿山顶隔溪南望，正前方便是石镜山。因山中有一巨石，表面光滑如切，每逢雨天，水漫石面，光亮如镜，故得此名。山脚下驻着一个小山村，村的东头，依然保存着挂有“正学遗风”匾额的“石镜精舍”，为明初的童伯礼所建，已有600余年历史。为开启文明，童伯礼拿出多年收藏的六经群书数千卷，聘请了当时为朝野推重的方孝孺前来讲学，课教子弟。方孝孺曾两度在精舍讲学，历时4年之久，与童伯礼共同奠定了儒乡基础。前童，仅明清两代考取秀才以上功名者就有202人。

30

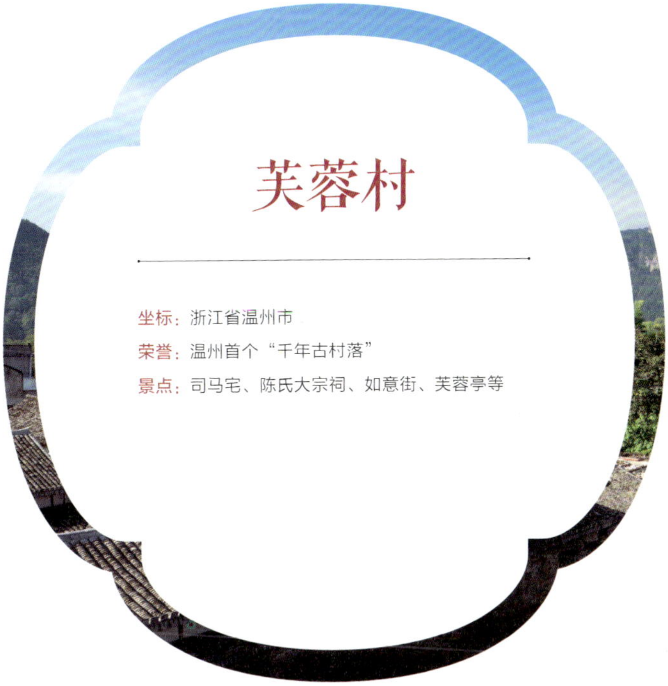

芙蓉村

坐标：浙江省温州市

荣誉：温州首个“千年古村落”

景点：司马宅、陈氏大宗祠、如意街、芙蓉亭等

◎ 芙蓉村里无芙蓉

芙蓉村呈正方形，坐西朝东，四周是用卵石砌成的寨墙，整个村庄犹如一座城堡。芙蓉村是单一陈姓村落。宋太平兴国年间，始祖陈拱从瑞安场桥迁来定居，并逐步形成血缘村落。他们来到这深山坳，看到村西南有三崖摩天，赤白相映，像含苞欲放的芙蓉，因而起名芙蓉村。芙蓉村保存有明清古民居30余处，明代大宅遗址5处，大小宗祠18座。

古代村寨主从芙蓉村的东门出入，东门俗称东溪门。走进东门，可见高出地面约80厘米的平台，这是古代村中做官的人荣归故里后，接见村民的区域。平台前方是长塘街，又称如意街。村内的公共建筑和民居，以长塘街为中轴，向南北分布；长塘街的北侧，是陈氏大宗祠。陈氏大宗祠是芙蓉古村的代表建筑，走进宗祠，前面是古色古香的大院子，院子的南门叫光宗门，北门叫耀祖门；院子的前方开有一方叫相承池的小池子，池的东岸有一照壁，照壁上雕有《八仙乘槎图》。如此有意境的地方，吸引了不少文人墨客。

1. 远望村寨
2. 鹅卵石寨墙
3. 戏水的水牛

◎ 芙蓉村内部规划的灵魂“七星八斗”

七星八斗是芙蓉村内部规划的灵魂。“星”指高出地面的方形平台，通常设置于道路的交会点，既是道路拐弯的标志，又是当年巷战的指挥联络点；“斗”是指散布于芙蓉村内的水池，具有消防和储水等功能，村中最大的水池为芙蓉池，长43米、宽10米，俗称大斗。芙蓉村的七星八斗是根据堪舆之说设置的，寓意天上魁星降落凡尘，可使村子人才辈出。

芙蓉村有4条山溪潺潺东流，村民靠水用水，引水进村，注入大、小水斗之中。如意街青砖铺地，为村中的主街，东连东溪门，西对芙蓉峰，全长220米，是村民闲暇时聚集闲逛的好地方。

31

皤滩

坐标： 浙江省台州市

荣誉： 浙江第一古街

景点： 迎春院、古戏台等

◎ 保存完整的“龙”形古街

皤滩古镇是我国江南山区农村古镇文化的典型缩影，也是研究我国古代农村集市繁荣衰落的不可多得的珍贵资料。皤滩起源于唐朝，盛于明清，是一个商贸古镇。沿着一条小巷走进古镇，首先映入眼帘的是唐、宋、元、明、清、民国时期风格的民宅古居，气势宏伟、布局精美。这里没有丽江的商业化，没有西塘的喧嚣。历经千年风云、沉淀和积累，皤滩仍保存着东西长2000米鹅卵石铺砌的“龙”形古街。古镇街面石板柜台比比皆是：除“水埠头”外，镇内还分布着武义埠、东阳埠、缙云埠、永康埠和公埠5处埠头。古镇中，店铺、码头、客栈、戏台、当铺、书院义塾、祠堂庙宇一应俱全，无不渗透着古镇浓厚的文化底蕴。这里还有气势宏伟、布局精美的“三透九门堂”，朱熹送子就学的桐江书院和针刺无骨花灯。有人说：“在皤滩古街上走，一不小心便会踢翻唐宋的石子，碰落明清的匾额。”皤滩古镇上的建筑大多被保存了下来，给后人留下了一个几乎完整的古代商埠的样本。走在古镇上，青色卵石铺就的老街在阳光下偶尔会折射出淡淡的粉色，有人说，那是几百年的老盐洒落形成的。而

那些随处可见的泛着油渍的门板，闪着亮光的石凳，长着青苔的街沿，都能让人感受到历史的沉淀。

◎ 针刺无骨花灯

蟠滩古镇有一项非常著名的手工艺活——针刺无骨花灯，是中国非物质文化遗产的璀璨明珠，宛若穿透时间的一束光，信步于唐代，延续着历史。针刺无骨花灯不用一根骨架，只以大小不等、形状各异的纸张粘贴接合，再盖上用绣花针刺出各种花纹图案的纸片，经13道精细工序制作而成，融绘画、刺绣等艺术于一体，单灯风姿绰约，组灯气势恢宏。

一盏盏绵延千年的针刺无骨花灯，仿佛是夜晚行走的火焰。这种温暖的感觉覆盖了古老的街道、廊檐和夜色。在那一刻，时间似乎隐藏了起来。

1. 古镇建筑
2. 针刺无骨花灯
3. 灯彩夜游“卷地龙”

精美木雕

32

泰顺

坐标：浙江省温州市

荣誉：国家生态县、廊桥之乡

景点：乌岩岭国家级自然保护区、承天氡泉省级自然保护区等

◎ 中国天然氧吧

泰顺县属于浙江省温州市，枕山近海，地理位置优越，东邻苍南县，东南接福建省福鼎市，南接福建省柘荣县，西南、西侧分别与福建省福安市、寿宁县接壤，西北靠景宁县，东北毗文成县。明景泰三年（1452年）置县，取“国泰民安、人心效顺”之意。

泰顺是国家生态县、国家重点生态功能区，县域森林覆盖率达76.1%。泰顺现存各类桥梁970多座，古廊桥33座；15座古廊桥和“仕水矴步”被定为国家级文物保护单位；泰顺被列入国家和省市非遗名录的有116项；拥有被誉为“天然生物基因库”“绿色生态博物馆”的乌岩岭国家级自然保护区和有“神水宝地”“天下第一氡”盛誉的承天氡泉省级自然保护区，以及极具文化艺术创造价值和收藏价值的泰顺石等。

廊桥

◎酒香弥漫的徐岙底

徐岙村是泰顺县保存最完整的古村落之一。在徐岙居住的人大多并不姓徐，而姓吴。据记载，宋宣和年间，徐震（泰顺仙居人）战死，其灵柩被扶归乡里，途经玉溪（今徐岙前之溪流）时显灵，天降甘霖，从此当地因久旱而歉收的田地连年丰收。乡民为纪念他便将此地称为“徐岙”，后又在村中立祠祭祀。

徐岙前有玉溪环流，后倚金山，左右奇峰对峙，似龙虎踞镇之势。乡间泉水潺潺，古树苍翠，枝繁叶茂，尽显沧桑。满目苍翠，树木繁盛，徜徉其间，似人间仙境。说到仙境，还有另一种解释，那就是酣醉欲成仙。村中的人都会制曲酿酒，最多时有100多家制曲作坊。现而今在村口的乌衣红曲作坊，依然能觅得一点儿昔日的酒气。

1 1. 日拥祥云

2 2. 仕水矴步

33

同里

坐标： 江苏省苏州市

荣誉： 江南六大古镇之一、江苏省首批历史文化名镇之一

景点： 退思园、耕乐堂、环翠山庄、嘉荫堂、崇本堂等

◎意犹未尽品同里

同里古镇隶属于苏州市吴江区，地处京杭大运河河畔，正式建镇于北宋，至今已有1000多年的历史。同里最初名为“富土”，到了唐初，因富土这个名字过于侈靡，便改为铜里。宋代，又将富土两字相叠后，拆字为同里，一直沿用至今。

流连每一座石桥，踏访每一条小河，逛尽每一座园子，惊讶于有似曾相识之感。说到园子，同里古镇中有很多古老的园子，建于清光绪年间的退思园极有特色，可谓一步一景，以池为中心，园子里的建筑如浮水上，精致而小巧。其布局独特，虽小，但亭、台、楼、阁、廊、舫、桥、榭、厅、堂、房、轩一应俱全，园主的性格也融在其中。古色古香的建筑外观是古代常见的红色，其中有两处船舫建筑很有特色。

同里夜景

◎ 同里故事多

同里走三桥习俗形成的准确年代无从考证，它起源于婚嫁习俗。每逢婚嫁、生日庆贺、婴儿满月等喜庆吉利之事，喜气洋洋、眉开眼笑的人们总会前呼后拥、浩浩荡荡地绕行三桥，口中还久久念诵着“太平吉利长庆”的祝词，沿街居民纷纷出户观望、道喜祝贺。这种全镇欢庆的景象，不仅是同里的独有景致，更是人们的真情流露。

莲厢是流传于江浙沪一带的民间自制器乐。打莲厢就是艺人们手持莲厢，合着乐曲，用莲厢拍打自己的手脚、胳膊、肩腿等。舞动时，莲厢内的铜钱会发出悦耳的声响，五彩的绸带也会上下翻飞，煞是好看。初时的莲厢艺人一般为男子，身穿白衣白裤，在庙会及重大活动中表演。演变至今，许多女子也打起了莲厢，同里的妇女时常身穿蓝布印花衣衫，头包蓝布碎花头巾，在各种喜庆场所及重大节日里翩翩起舞。

34

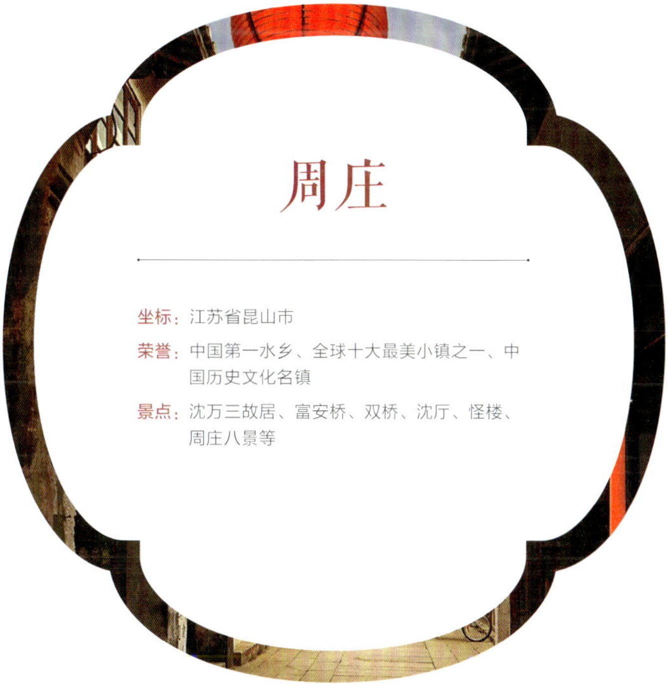

周庄

坐标：江苏省昆山市

荣誉：中国第一水乡、全球十大最美小镇之一、中国历史文化名镇

景点：沈万三故居、富安桥、双桥、沈厅、怪楼、周庄八景等

◎ 水墨周庄

充满静谧之美的周庄，地处江苏省昆山市（江苏省辖县级市，由苏州市代管）西南部，东距上海市60多千米，西距苏州城40千米，享有“中国第一水乡”的美誉。

春秋时，周庄为吴王少子摇的封地，被称为“摇城”。隋唐时，称“贞丰里”。宋元祐元年（1086年），改叫周庄。元代时，属苏州府长洲县。江南富豪沈万三的父亲沈佑由湖州南浔迁徙至周庄东面的东宅村，其经商发迹后开始建设这里，使这里日趋繁荣，形成南北市河两岸以富安桥为中心的旧集镇。到了明代，镇廓逐渐扩大，逐步向西发展至后港街福洪桥和中市街普庆桥一带，并迁肆于后港街。到了清初，周庄复归长洲县，居住人口增多，变得愈加稠密。西栅一带商铺林立，商业中心又从后港街迁至中市街。

时至今日，走进周庄，看着水巷之间保存完好的驳岸、拱桥、粉墙、黛瓦，耳边是吴侬软语，手里捧着的杯中泛着清新茶香，近近远远的橹声时而飘进耳朵，坐在小桥旁，听一曲昆曲，心底升腾出莫大的满足感。好一派旖旎景象，在某个瞬间，置于

1. 造型独特的富安桥
2. 迷人的水乡夜景

镇中的人也入了“小桥流水人家”的画卷。几多潇洒，几多忧愁，在这样的风景中，都随风远去，留下的只有纯粹的自己。

不管带着什么样的心情，将自己置身于水墨周庄中，你会感受到另一番情趣。

◎ 周庄的桥

14座古桥构成了周庄独有的水乡神韵，更是连接千家万户的纽带。如双桥、富安桥、富贵桥、青龙桥、全功桥、太平桥、福洪桥、梯云桥、报恩桥、贞丰桥等，为人们的生活和交通带来了便利。其中，最负盛名的是双桥和富安桥。

双桥联袂而筑，桥面横竖有秩，桥洞方圆有序，形制特别像古代的钥匙，故又称钥匙桥；富安桥是目前江南水乡仅存的桥楼建筑，桥楼合璧，四端各有一座飞檐戗角、装饰富丽的楼阁。

周庄雪景

35

锦溪

坐标：江苏省苏州市

荣誉：中国民间博物馆之乡

景点：陈妃水冢、莲池禅院、天水桥、十眼桥、文昌阁等

◎ “中国民间博物馆之乡”的桥文化

锦溪位于江苏省东南部，南与上海市青浦区接壤，北与苏州市吴中区甪直镇和昆山市张浦镇相毗邻，素有“中国民间博物馆之乡”的美誉，曾获中国历史文化名镇、中国民间文化艺术之乡、全国环境优美乡镇、全国特色景观旅游名镇等荣誉。锦溪与周庄同属昆山市，它的水巷街市、躬身石桥、水边人家都是周庄所具有的，所以人称“第二个周庄”，著名景点有通神御院、陈妃水冢、莲池禅院等。

锦溪当地民谣有“36座桥，72只窑”的说法，据称在1平方千米的范围内，有古桥36座，密度远远超过了水城苏州的桥梁密度。这些建造于明清时期的桥梁，虽历经岁月风霜，依然保存完整。桥上的碑记、柱联、花纹等镌刻精巧细致。一座又一座苍颜斑驳、风格各异的古桥梁，形成了锦溪独特的桥文化，成为古镇不可多得的历史文化遗产。在锦溪的36座桥中，最有名的有8座，即天水桥、太平桥、十眼桥、锦溪中和双桥、众安桥、溥济桥、普庆桥、里和桥。天水桥俗称北观音桥，明永乐五年（1407年）由郭子敬捐资修建，历经600多年的风霜雨雪，仍保持着原有的风

1. 夕阳下的水乡古镇
2. 乌篷游船走水乡
3. 古镇入口“水乡佛园”牌坊

貌，抬眼望去，恬静幽雅，古意盎然。天水桥连同其他古桥一同体现着锦溪镇的古朴与典雅。

◎ 匠心独运的古砖、古瓦

在锦溪的砖瓦博物馆中，除了各种各样的古砖，古瓦的陈列品也很有特色。在瓦的基础上发展起来的瓦当，是中国建材的重要组成部分。它安放在瓦楞下面，兼有护檐和装饰的功能，是一种特殊的瓦片，安放时弧形朝上的，称为滴水；安放时弧形朝下的，称为檐头。这块灰色的长方形（形似城砖）砖经过136道工序，在窑中烧了120天，然后又在桐油中浸泡了100天，取出后还要进行风干。走近它用手轻轻叩之，声音清脆悦耳，宛如乐器在弹奏；抚摩上去，坚实而滑润，犹如玉石一般。

36

朱家角

坐标： 上海市青浦区

荣誉： 上海第一大镇、“上海市十大休闲街”之一

景点： 放生桥、淀山湖、北大街、报国寺、城隍庙、席氏厅堂等

◎ 隐藏在繁华中的清幽之所

朱家角镇地处江浙沪交界处，为青浦、昆山、松江、吴江、嘉善五区（市）毗邻之中心，历来为江浙沪两省一市的重要集镇之一，素有“上海威尼斯”“沪郊好莱坞”之誉，是上海保存最完整的江南水乡古镇。

朱家角隐藏在上海这座繁华都市中，和其他小镇一样，小桥流水绕屋。最令人称道的是，它并没有完全被商业化，处处透着和上海市区完全不一样的清幽之感，拥有水乡特有的气质。

这里不只是文艺青年的治愈天堂，也是来去匆匆的人们驻足的驿站，忙碌的生活容易让人丢失了自己，可以停下来缓缓再出发，朱家角就是个不错的选择。

◎ 朱家角的人文景观更出彩

朱家角的迷人风光，在一山一湖。要说更迷人、更具古镇特色的却是它的人文

1. 水乡风光
2. 廊桥风光
3. 清代邮局中的明信片

景观。一桥、一街、一寺、一庙、一厅、一馆、二园、三湾、二十六弄，是朱家角令人沉醉之处。如果说九百年的水镇周庄小巧精致，似小家碧玉，那千年古镇朱家角则气势磅礴、有大家闺秀的风采。朱家角的面积是周庄面积的三倍多，漕港河将朱家角分成两半，北岸井亭港，南岸北大街，两岸遍布蜿蜒曲折的小巷，花岗岩石的街面，青砖黛瓦的明清建筑及众多的历史遗迹。

这里的每一个地方都是一幅画，每一分每一秒都是一首诗，每一个到过这里的人都为之沉醉。

楼调茶局

第四章

八闽福地

在逶迤的青山中寻找凝固的诗篇，在乡愁萦绕的歌声中寻觅古老的城堡。

37

塔下

坐标： 福建省漳州市

荣誉： 中国历史文化名村

景点： 德远堂、土楼等

◎ “客家周庄”

塔下村隶属福建省漳州市南靖县书洋镇，位于南靖县书洋镇西部，是漳州著名的侨乡，也是首批15个中国景观村落之一，被誉为“客家周庄”。

塔下村历史悠久。土楼沿河而建，井然有序地分布在两岸，形态多样，有常见的方形、圆形土楼，还有围裙形、曲尺形土楼，最独特的要算浙杭水乡模式单院式土木、砖木结构的吊脚楼，形成大楼带小楼、高低错落布局的奇妙景观。它以造型奇异、风格独特而被誉为“塔下村鸟瞰神话般的山区建筑”。

村内小桥流水，惬意感油然而生。每隔不远就有一座小石桥跨越两岸，一座座土楼错落有致地排列，沿河边的小路漫步，深吸一口气，再看整个村落，带着岁月的痕迹和历史的印记。

青山里的塔下村

◎ 远近闻名的长寿村

塔下村是南靖县第一长寿村，这个山明水秀的“世外桃源”，可谓是一片清净乐土，民风淳朴，孝敬、供养老人蔚然成风。村里设有老人协会，经常组织老人开展吹拉弹唱、下棋垂钓等活动。

据专家分析，环境优美，以素食为主，加上子孙孝敬，是村里老人普遍长寿的秘诀。村里人吃的是地里自然生长的大米、甘薯、芋头和蔬菜，喝的是从高山上流下来的泉水和土楼里的井水；劳动人家长期风里来雨里去，练就了一副强健体格，他们没有贪念，心绪平和，故而长寿。

培田

坐标： 福建省龙岩市

荣誉： 福建民居第一村、民间故宫、中国南方庄园、中国十大最美村镇之一、国家级文物保护村落

景点： 文武庙、南山书院、容膝居

◎ 客家祖地

培田村有着800多年的历史，位于福建省龙岩市连城县，有保存较完整的明清时期客家古民居建筑群，拥有精致的建筑、精湛的工艺、浓郁的客家人文气息，人称“福建民居第一村”“中国南方庄园”“民间故宫”。

古时由于战乱，从北方迁徙到南方的客家人在造房子时多带有军事防御性质，如围垅屋和土楼，但还有一种与福建永定土楼、广东梅县客家围垅屋并称为客家三大著名建筑的，就是福建连城培田的“九厅十八井”大型砖木民居建筑。培田古村落是由30幢高堂华屋、21座古祠、6家书院及二道跨街牌坊和一条千米古街构成的紧密有序、规模宏大、布局讲究、设计精美的古民居建筑群，号称客家祖地。

◎ 承载宁静之美的古村落

村中心千米长的古街贯穿全村，旁列古祠、民居、商铺，是培田的主要商业集

1. 鹅卵石和青石铺就的古街
2. 庙宇——乐善好施
3. 精美砖雕及木雕

市。据说，繁华时街上曾有几十家商铺、客栈、轿行、赌庄以及布店等。蜿蜒的老街小巷相互连通，把错落的明清古建筑连为一体。

培田古民居建筑结构独特，大多坐西北朝东南，在秉承明代工法的基础上，又兼容中原、徽式、江浙特色，使开间、进间、进深更大，在做工上也更加追求艺术及造型美。采用中轴线对称布局，厅与庭院结合布局，讲究舒适、安逸。村中古建筑门楼泥塑石雕，屋脊飞檐彩陶，梁檩窗屏木刻雕花彩漆画，用料考究、工艺精湛，处处体现出客家人的聪颖和智慧。

培田古村与宏村、周庄、乌镇、婺源齐名，但这里却没有浓郁的商业气息，村民在这山清水秀之地自由自在地生活，日出而作日落而息，古村仍旧是原生态的村落环境。

39

四堡

坐标： 福建省龙岩市

荣誉： 省级历史文化名镇、明清时期中国四大雕版印刷基地之一

景点： 古代雕版印刷

◎ 探寻四堡刻书业

四堡是明清时期与北京、扬州、汉口三地齐名的中国四大雕版印刷基地之一，也是目前举世罕见保存较为完好的古雕版印刷文化遗址，现保存完好的古书坊、古雕版、古书籍和古印刷工具是不可多得、不能再生的珍贵历史文化遗产，被誉为“中华文化明珠”。

四堡的印刷业始于明代，鼎盛于清代乾隆和嘉庆年间。据《范阳邹氏族谱》记载，明万历八年（1580年），时任浙江杭州仓大使的邹学圣辞官归里，带回了苏杭的雕版印刷术，并创办了书坊。至清代，闽西地区涌现大批商人，使闽西地区人口增长很快。据史料记载，此时“岁收不敷民食”，在这样的大背景下，四堡的雕版印刷业以家族血缘为纽带，大部分人在家中负责刻印书籍，由其他人负责销售图书。渐渐地，四堡刻书规模越做越大。

由此，四堡的雕版印刷业开始逐渐走向刻板、印刷、包装、销售一条龙的规范化发展，为四堡印刷业的兴起奠定了基础。在经历了清康熙年间的初创和发展后，到乾隆、嘉庆和道光三代，四堡创造了我国雕版印刷史上的辉煌。

1. 四堡风光
2. 古村内的马头墙
3. 古村里的圆形拱门

◎ 连城四堡，价值连城

四堡曾建有100余座大小印刷书坊，仅经营书籍发行的书商就达600余人，书籍销往13个省150多个县市及东南亚地区，有“垄断江南，远播海外”之誉，为中华文化的传播与发展立下了不可磨灭的功绩。四堡刊印的书目种类繁多，达九大类1000多种，其中有不少为古籍珍品，如《康熙字典》以及以墨线截为上下两半的《三国演义》《水浒传》的合刊本等。

在全国其他3处雕版印刷基地遗迹湮灭时，唯有四堡依然保存有大量古书坊、雕版、印刷工具和古书籍。而后，随着科技的发展与进步，四堡雕版印刷术在民国初年被历史淘汰。

40

下梅

坐标： 福建省武夷山市

荣誉： 中国历史文化名村

景点： 邹氏家祠、邹氏大夫第、达理巷、当溪、风水碑等

◎ 武夷山下古村落

下梅村位于武夷山市东部，距武夷山风景区8000米、武夷山市区6000米，有2500多人口，500户住户。下梅村在商周时期就有了新石器时代人类活动遗迹，村落建于隋朝，里坊兴于宋朝，街市盛于清朝，是中国历史文化名村。

日落西山，夕阳下的下梅村处处透着静谧之美。据说，宋代著名理学家朱熹常往返于上梅、下梅，曾留下“晓登初移屐，寒香欲满襟”的佳句。倚靠木栅栏，静观流动的小溪，眼前的古村被群山环抱，被梅溪拥围；河边白墙木檐，村内祠堂、古井、老街、旧巷，汇聚成梅村独特的魅力。

◎ 万里茶道的起点

一到春天，下梅村家家户户都忙着采茶、制茶，空气中弥漫着新茶的清香。很多人不知道，看似寻常的下梅村，自古以来就是一个茶村，是闽北地区最富传奇色

溪边干活的村民

彩的地方。

清乾隆二十年（1755年）的春天，下梅村来了几个操着山西口音的客人，他们每天都在附近的茶山上溜达闲逛，这一待就是两个多月，而后便将下梅村附近的荒山买下来。这几个山西人是商人，从买下荒山起，晋商便在下梅村设茶庄，精选收购当地茶叶，还将散茶精制加工成红茶、乌龙茶等，而这些茶叶又经由绕村而过的梅溪运输北上，往来反复间，开辟出一条贸易之路——万里茶道。

下梅村不仅会聚了来自全国最有实力的茶商，并且在万里茶道上，留下了重要的痕迹。

41

洪坑

坐标：福建省龙岩市

荣誉：振成楼、福裕楼、奎聚楼为全国重点文物保护单位

景点：土楼

◎洪坑土楼群历史沿革

位于福建省龙岩市永定区湖坑镇的洪坑土楼群，是古代中国劳动人民智慧的结晶，建于不同时代、形态各异、规模不一的福建土楼以及林氏宗祠、寺庙、学堂等沿溪而建，错落有致，布局合理，与青山、绿水、村道、小桥、田园完美结合，融为一体。洪坑村土楼为林氏民居，现有建于16世纪中叶（明代）至现代的圆形土楼、方形土楼、宫殿式土楼、五凤式土楼、府第式土楼等各种类型的土楼数十座，为中国传统的生土民居建筑艺术和传统文化提供了重要的物证。

现存明代建造规模较大的土楼有峰盛楼、永源楼等13座，清代建造规模较大的土楼有福裕楼、奎聚楼、阳临楼、中柱楼等33座。此外还有以生土建造的天后宫、日新学堂、林氏宗祠、关帝庙等。奎聚楼、福裕楼、如升楼、振成楼为该土楼群的杰出代表，其中振成楼、福裕楼、奎聚楼于2001年5月被国务院公布为全国重点文物保护单位。

振成楼夜景

◎ 值得一看的特色建筑

振成楼建于1912年，悬山顶抬梁式构架，分内外2圈，外圈4层，每层48间，按八卦形设计，每卦6间，一个楼梯为一个单元。卦与卦之间筑防火墙，以拱门相通。振成楼的祖堂是一个舞台，台前立有4根周长近2米、高近7米的大石柱，舞台两侧上下2层30个房间圈成一个内圈，2层廊道精致的铸铁花格栏杆，是从上海运到此楼嵌制的。大厅里门楣上有民国初年黎元洪大总统的题字。

福裕楼是永定府第式土楼的杰出代表，富丽堂皇。清光绪六年（1880年）开始兴建，耗资10多万大洋，历时3年才建成，占地面积7000余平方米。该楼由楼主三兄弟（林仲山、林仁山、林德山）的朋友汀州知府张星炳设计。主楼的中轴线上前低后高地建有2座横屋，高低有序，主次分明。楼前有3个大门，在主楼和横屋之间有小门相隔，外观连成一体，内则分为3个单元。楼门坪和围墙用当地河卵石铺砌，做工十分精细，与大自然环境浑然一体。外形像3座山，隐含楼主三兄弟“三山”之意。楼名也是张星炳题写。

奎聚楼始建于清道光十四年（1834年），用了近5年时间建成，已有180多年历史，占地6000余平方米，高约15米。70多年里，楼里考取进士和官至七品以上的有4人，大学生有20多人，海外华侨有40多人，正如大门对联所言：“奎星朗照文明盛；聚族于斯气象新”。奎聚楼的建筑特点是中厅高、两厢低。

1

2

1. 闽台妈祖文化博物馆妈祖像

2. 土楼内部结构

和平古镇

坐标： 福建省邵武市

荣誉： 中国迄今保留最具特色的古民居建筑群之一；国家AAAA级旅游景区

景点： 县丞署、和平书院、宅第、谯楼、谢氏粮仓、旧市三宫、古街巷

◎ 八闽第一重镇

和平古镇地处福建省西北，占地面积192平方千米，邵武南区的政治、经济、文化中心。其有文字记载的历史始于唐代，时至明万历十六年（1588年）始建城堡，修宝塔，是中国罕见的城堡式大村镇。连接南北城门的一条长600余米的青石板古街为古镇主街，形成于后唐天成元年（926年），街两边分布着近百条纵横交错呈网络状的古建卵石巷道，形成一套完整的原汁原味的古街巷，堪称“福建第一街”。和平古镇有古街巷和古建筑等大量遗存，如城堡、宝塔、祠庙以及古民居，有明清古民居近300处，建筑多为砖木结构，砖雕精美，保存极为完好。

和平古镇虽然是闽北山区小镇，却有着千余年悠久历史和丰厚的文化底蕴，是福建省历史最悠久的古镇之一。自五代黄峭（871—953年）创办“和平书院”后，和平名人辈出，民间文学、民间音乐、民间工艺等遗存相当丰富，如傩舞、三角戏、游浆豆腐、织造腰机布等。

◎ 细说和平书院

和平古镇千余年来注重文化教育，民间自办学堂蔚为风气，从科举以来至清有据可考的进士有100多位，其中最为有名的是黄峭，他因复唐无望罢官归乡，创办了和平书院。和平书院是闽北创办最早的书院，其设计非常讲究，顶部形状像一顶官帽，反映了“学而优则仕”的思想。3扇门形成了一个“品”字，寓意要当有品级的高官。进入书院大厅，必须登13级台阶，前6级为努力读书，从第7级开始为七品至一品，寓意步步高升。大门上方的木雕月梁为打开的书卷的样子，寓意“开卷有益”。自宋以后，和平书院吸引了历史上很多名人来讲学，如宋代朱熹、杨时等，也造就了大批人杰。和平书院的一脉书香一直流传至今。

1. 雨中的和平书院
2. 和平古镇秋色

第五章

柔情岭南

『岭水争分路转迷，桄榔椰叶暗蛮溪。』穿越『山青、水秀、洞奇、石美』的画卷，走过忙碌的市井，触摸历史的印记。

43

黄姚

坐标： 广西壮族自治区贺州市

荣誉： 中国历史文化名镇

景点： 广西省工委旧址、古戏台、安乐寺等

◎ 现实版的“梦境家园”

黄姚古镇位于广西壮族自治区贺州市昭平县东北部，北与钟山同古镇、清塘镇接壤，东与凤凰乡、贺州市公会镇毗邻，南与樟木林乡、富罗镇交界，西与走马乡相依，属喀斯特地貌。古镇始建于宋朝开宝年间，有近1000年的历史，素有“梦境家园”之称。由于镇上以黄、姚两姓居多，故名“黄姚”。黄姚自然景观有8大景24小景，保存有寺观庙祠20多座、亭台楼阁10多处，多为明清建筑，著名的景点有广西省工委旧址、古戏台、安乐寺等。

◎ 黄姚的建筑布局极其考究

古镇由龙畔街、中兴街、商业街区3处自成防御体系的建筑群组成。这3处建筑群又通过桥梁、寨墙、门楼巧妙地连接在一起，形成一个整体。古镇周围酒壶、真武、鸡公、叠螺、隔江、天马、天堂、牛岩、关刀等9座山脉，从四周聚向古镇。姚江、

黄姚古镇风光

小珠江、兴宁河3条小河交汇于古镇。黄姚古镇的居民主要来自中国东南地区，村镇的选址深受东南地区汉族风水文化的影响。黄姚古镇被群山环抱，被绿水绕行，具有东南风水理论所要求的全部要素。

黄姚古镇现有8大姓氏、9座宗祠、2座家祠，民居建筑多为同一姓氏围绕祠堂所建。这个古镇的大多数居民为明末清初移民，所以在住宅建设的考虑上，无论是单体结构还是整体结构，都要有较强的防御功能。

1　1. 古老的榕树

2　2. 古镇夜景

44

大旗头

坐标：广东省佛山市

荣誉：省级文物保护单位、中国历史文化名村

景点：裕礼郑公祠、郑氏公祠、振威将军家庙、尚书第、建威第等

◎ 独特的“锅耳式建筑”

大旗头村位于广东省佛山市三水区乐平镇境内，是中国历史文化名村，村中建筑风格独特，风土人情淳厚，因其特色建筑“锅耳式建筑”，被定为省级文物保护单位。

大旗头村，始建于明嘉靖五年（1526年），原名叫大桥头。村中的古建筑群据说由清朝广东水师提督郑绍忠所建，是广东粤中地区典型的、最具独特建筑风格的清代村落，至今保存完整。

◎ 大旗头的特色——祠堂

大旗头村现存祠堂、府第共有5座，分别是裕礼郑公祠、郑氏公祠、振威将军家庙。

大旗头村古建筑群的住宅结构布局基本相同，只是规模不同。该村是一个祠堂、

祖庙

家庙兼备，聚族而居的建筑群，内部布局采用广东民居典型的“三间二廊”式。天井两侧是行廊及厨房，正房三间，中间厅堂由一木屏风分隔为厅堂和卧房，卧房上为阁楼，放置杂物，木屏风前有简易神龛，供祭祖先。厅堂以木趟栊与天井相连，天井的墙面饰有砖雕，用以拜天官之用。山墙立面开窗少且小，山墙顶为锅耳式封火山墙，下有草尾装饰，入户门为框门，上有门罩，大旗头村每栋住宅的墙裙至少有40厘米高，且为大石板墙裙，以加强防潮效果。房屋结构为山墙承重。大建筑群从西向东，群体布局整齐密集，小巷纵横，东有池塘、晒坪及麻石广场，西有广场及池塘，南北两侧均为其他姓氏家庭的旧民居。

45

南社

坐标：广东省东莞市

荣誉：中国历史文化名村、广东最美乡村之一

景点：古寨墙、谢氏大宗祠、百岁坊等

◎传承百年的南社古村

南社古村位于广东省东莞市茶山镇，处于南社村樟岗岭与马头岭之间，是东莞一个保留完好、规模较大的古村落。

南社明清古村落以村墙为界，现存祠堂22间，古民居200多间。村内以中间长方形水塘为中心，两边利用自然山势错落布列，巷道布局合理，安全防御设施齐全。

村内由民居、祠堂、书院、店铺、家庙、古榕、楼阁、村墙、古井、巷道、牌楼等构成具有浓郁珠江三角洲特色的农业聚落文化景观，难能可贵的是未被破坏的明末清初的建筑比较多，保留了大量石雕、砖雕、木雕、灰塑及陶塑建筑构件，具有较高的艺术价值和文物价值。谢氏大宗祠、百岁翁祠、百岁坊、谢遇奇家庙、资政第等则是南社古建筑群中的精品。

古民居布局以金字间和明字间为主，祠堂除谢氏大宗祠以三进布局外，各家祠、家庙则是以二进四合院落形式、广府建筑风格为主，同时也受潮汕、吴越及西方建筑文化影响，是难得的珠江三角洲明清古村落的典型实例。

古村全貌

◎传承数百年的“卖身节”

南社村至今还保留着古老淳朴的民俗，其中以“卖身节”为代表。“卖身节”与泼水节类似，每年的农历二月初二，数以万计的人们聚集到毗邻的东坑镇上争相淋泼“仙水”，购物寻仙，观赏花车，场面盛大热闹。

据记载，“卖身节”起源于明末清初时该镇塘唇村出卖劳动力的现象。当时，一些没有自家田地的青壮年，在农历二月初二纷纷到街边，头戴斗笠，身披粗布巾，以示“卖

身”，等着财主前来雇用。而地主们也在这一天，挑选卖身的青壮年，一雇就是一年。后来，人们又传说有天上的神仙在二月初二“卖身节”这一天下凡到东坑来普济众生，于是，“卖身节”便广而告之，远近客商纷纷在二月初二云集东坑，以冀神仙赐福，走时还要买件物品带回家，以示遇到仙人，因此又称“遇仙节”。

时至今日，这一具有浓厚地方特色的文化传统被保留下来，沿袭了“卖身节”这个古时的名称，并赋予了它新的含义。“卖身节”当天，全镇的男女老少和外地客人纷纷走上街头，用玩具手枪等工具相互射水、泼水作乐，并祈求一年的好运。

赤坎

坐标： 广东省江门市

荣誉： 中国历史文化名镇、江门市十大特色镇街

景点： 骑楼、欧陆风情街、加拿大村等

◎ 翻阅赤坎老街的旧日光景

有着350多年历史的赤坎镇，是一座具有浓郁南国特色和深厚文化底蕴的侨乡古镇。赤坎沿潭江而建，南岸是乡村，北岸则是城市。这里虽不如丽江恬静，没有凤凰秀美，也缺少乌镇的温情，却有着独一无二的深沉。

赤坎古镇面积并不大，最为知名且热闹的是骑楼，是早年出洋的华侨回国后建造的一批中西合璧的洋楼，多为三四层。因墙柱支撑的空间是店铺和走廊，似楼房骑在街道上，故被称为骑楼。而今，历经百年的骑楼已经失去了原有的光彩，但屋檐桁梁结构和雕梁朱漆依然斑驳可辨。

古镇的街道并未因时间的前进而变得更为现代，依然保持20世纪80年代的样子。

欧陆风情街

◎ 走进赤坎，观近在咫尺的美景

当地居民过着市井生活，或忙于生意，或街边嬉戏，或闲话家常。赤坎是老旧的，不仅因为古镇历史悠久，更是因为居住在古镇中的年轻人越来越少了。孩子们长大了，越来越多的人离开古镇去更广阔的世界闯荡。而这里的每一条河流、每一片稻田、每一排褪了色的碉楼，有着深深的时间烙印，待出去的年轻人老了之后再回来，还能感受到家乡曾经的痕迹。

水仙庙是赤坎开埠时的古庙之一，又称炎河帝庙，始建年代不详，曾两次重修。庙内供奉炎河二帝。水仙庙侧有石砌踏跺25级，通往民主路。水仙庙原宽三间，现仅存正中一间，大门额匾题有“炎河二帝水仙庙”。庙有一楹联：“耒耜初兴功资稼穑；山川始奠绩奏平成”，因楹木残朽，现已取下收藏。庙前有一清一浊两眼井，称水仙井；庙旁原有一古榕，为台风所折，今已重植新枝。每逢农历四月十五河诞与农历四月二十八炎诞，邻近居民便赴庙会做社，分得烧肉、青菜、米饭后，先祭二帝；夜晚则在庙前搭起戏台唱傀儡戏，老老少少，其乐融融。

47

阳朔

坐标：广西壮族自治区桂林市

荣誉：入选“2019中国最美县域榜单”

景点：漓江、遇龙河、图腾古道、蝴蝶泉等

◎ 这里有桂林最美的风景

很多人都知道，桂林最美的风景在阳朔。阳朔的西街热闹非凡，但似乎有些过于商业化。但距西街近1个小时车程的兴坪古镇，虽没有西街那般热闹景象，却有桂林最美的风景。

第一次来兴坪古镇，也许你会感觉它很小，但慢慢去感受，你会发现惊喜连连。要知道，阳朔最佳观赏日出和日落的地方都在兴坪古镇，抬眼望去，山峰、漓江以及江面密布的小船，在绚烂的夕阳下，宛如一幅绝美画卷。在兴坪的沿岸，还藏有中国十大最美徒步路线之一，从杨堤码头到兴坪，蜿蜒十几千米，慢慢地畅游其间，零距离感受桂林山水，感受阳朔风土人情。

初遇阳朔，逛逛西街，看看让你沉迷其中无法自拔的兴坪古镇。

1
2 | 3

1. 漓江和喀斯特地貌景观
2. 西街图腾及街景
3. 大型山水实景演出《印象·刘三姐》

◎ 来阳朔，看《印象·刘三姐》

《印象·刘三姐》是中国首部大型山水实景演出。演出舞台以方圆2000米的漓江水域、书童山为首的12座山峰为背景，开世界实景演出之先河。

《印象·刘三姐》传承自广西歌仙刘三姐的传说，但不局限于其一人的故事，而是运用中国国画的构图与手法融入真山真水，结合少数民族歌曲的独特节奏与韵调，将漓江沿岸的自然风景、渔民村民的生活劳作、少数民族的民俗风情等，通过视觉效果和艺术编排进行融合与呈现。

整个演出没有连续的故事脉络、没有准确的歌词，而是以刘三姐为主线，通过写意的画面与耳熟能详的山歌，代表性地展示出广西壮族、瑶族、苗族、侗族等少数民族的民俗风情以及漓江周边的百家万象。

48

龙脊

坐标： 广西壮族自治区桂林市

荣誉： 拥有广西保存最完整、最古老、规模最大的壮族干栏式建筑群

景点： 龙脊梯田

◎ 广西规模最大的壮族干栏式建筑群

龙脊村位于龙胜各族自治县县城东南的和平乡境内，属于龙脊风景名胜区的重要组成部分。村寨处于大桂林旅游圈内，距桂林市仅76千米，距县城21千米。龙脊村梯田风光别具一格，整个梯田依山势层层而下如金龙探宝，蔚为壮观。龙脊古壮寨已有430多年的历史，据《龙胜县志》记载，龙脊廖姓于明万历年间迁入现居地。这里壮族文化保存较为完好，拥有广西保存最完整、最古老、规模最大的壮族干栏式建筑群，其中有5处木楼已经有超过100年以上的历史，其中最老的木楼的历史达250年，古老而富有神韵。

◎ 龙脊梯田

龙脊梯田从广义上说叫作龙胜梯田，从狭义上称为龙脊梯田。龙脊梯田分为金坑（大寨）瑶族梯田观景区和平安壮族梯田观景区，两处梯田既有大刀阔斧的砍

远望龙脊梯田

削，又有丝丝入扣的精雕细琢。两者一南一北，分别构成北壮和红瑶两个文化空间，可谓组合巧妙，相互辉映。

平安梯田横跨平安和龙脊两个行政村，宛如一条行进中的巨龙，腾越在四五里长的坡面上，显示出一种叱咤风云的野性力量。平安梯田内有“九龙五虎”和“七星伴月”两个独特的景观，使得平安梯田像扫帚田园一样景中有景，平添许多情趣和意味。其中，“九龙”指龙脊主脉在这里分出来的9条小山梁，“五虎”指这里5个略微凸起的小山头，“七星”传说是盘古开天时特意留下来的7个小山包，7个小山包分别矗立在7块田的中央，远远望去像7颗闪烁的星星，守护着龙脊那块弯弯的月亮田。

梯田四季景色各不相同。春季，梯田开始引水，农民们牛拉犁田、人牵犁田的情景，在天光的反射下，勾画出一幅黑白相间、生机盎然的田园水墨画；夏季，梯田成了绿色的海洋，层层叠翠，错落有致，形成一片浩瀚的绿海，令人神清气爽；秋季，梯田如同黄金飘带般的稻浪，在微风中此起彼伏，往上看直迫天际，往下望如大海扬波；冬季，布满白雪的层层梯田皑皑一片，银装素裹。可谓“春飘条条银带，夏滚道道绿波，秋叠座座金塔，冬砌块块白玉”。

49

上里

坐标： 四川省雅安市

荣誉： 中国历史文化名镇

景点： 文峰塔、舍利塔、清代立交桥等

◎“南方丝路”上的古老驿站

上里古镇依山傍水，田园山峦，木屋为棚，石板铺路，保存有多种风格的吊脚楼式建筑，是临邛古道入雅安的重要驿站。上里古镇初名罗绳，是“唐蕃古道”上的重要边茶关隘和茶马司所在地，同时也是红军长征北上的过境地。

临邛古道属于古时的“唐蕃古道”，是南方丝绸之路的一部分，也是中国最古老的国际通道，早在2000多年前的西汉就已出现。它以四川为起点，经云南的昭通、曲靖、大理、保山、腾冲，从德宏出境，进入缅甸、泰国，最后到达印度和中东，总长200千米，也称“蜀身毒道”。与西北丝绸之路一样，“南方丝路”对世界文明也做出了伟大的贡献。

古镇现存10多座石桥。在一条窄窄的小道边的岩壁上刻有红军石刻的标语，据说1935年红四方面军长征途经此地时，在这里驻扎了半年之久，在镇内留下了数十幅石刻标语。走过石桥不远有一通道，往右就可以进入古镇的老街了，老街的前面是一个不算太大的“坝子”，老街正对着的是一座二重檐歇山顶的戏楼，而“坝

古镇老街

子”的其他3个方向都是商铺，商业气息颇浓。

◎零距离感受建筑之美

上里古镇的建筑格局具有以民居为主的空间特色，建筑风格仍以明清时期的为主。建筑高低错落，风格各异，石板铺街，木屋为舍。古镇的主要街道呈“井”字型布局，且都不宽，两边全是老式的铺面。登高俯瞰，古镇宛如一幅古老的画卷。

上里古镇最有名气的是韩家大院，韩家为上里五大家族之首。韩家大院采取穿斗式木结构、青瓦屋面组成，有3处7个四合院，又有“七星抱月”韩家大院之称。大院独具地方特色，门、窗、枋、檐均以浮雕、镂空雕和镶嵌雕刻做装饰。特别要指出的是，韩家大院的窗雕艺术堪称清代佳作。窗型属分格窗，每个窗格的中心图案设计各异，无一重复。花卉、仙鹤、人物形象逼真，内容涉及历史典故、神话传说、戏曲故事、农事游弋、婚姻爱情，如“孙悟空得道”“济公斗蟋蟀”“蝙蝠斗麒麟”“鲤鱼跳龙门”“陈州放粮”等。所有的雕刻作品都是分件雕刻成型后，镶嵌于固定位置，入槽合缝，构成精美浮雕。

第六章

湘鄂黔之风

依河而立的吊脚楼，碾过岁月的水车，雕梁画栋的古建筑，动静之中描绘千年风韵。

50

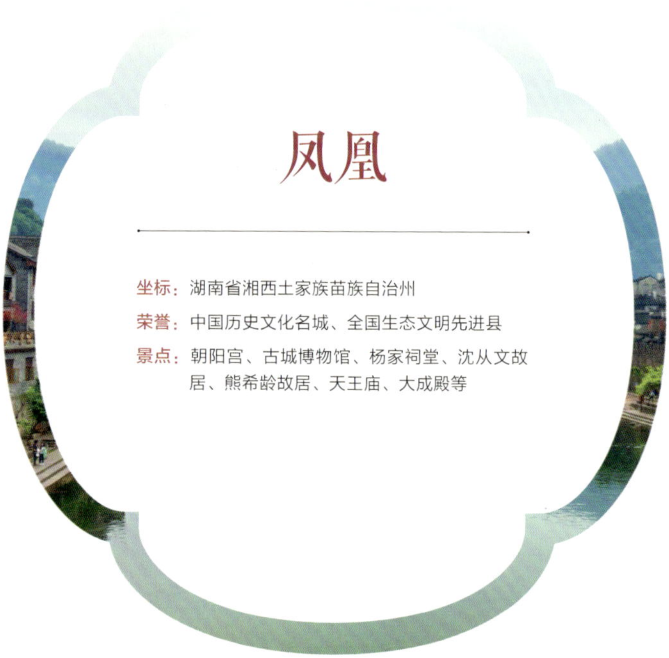

凤凰

坐标： 湖南省湘西土家族苗族自治州

荣誉： 中国历史文化名城、全国生态文明先进县

景点： 朝阳宫、古城博物馆、杨家祠堂、沈从文故居、熊希龄故居、天王庙、大成殿等

◎ 典型的多民族聚居区

凤凰古城，位于湖南省湘西土家族苗族自治州的西南部，土地总面积约10平方千米，生活着苗族、汉族、土家族等28个民族，为典型的多民族聚居区。古城始建于明嘉靖三十五年（1556年），已有400多年历史，虽历经沧桑，仍保存完好，是湖南十大文化遗产之一，曾被新西兰作家路易·艾黎称赞为中国最美丽的小城，可与山西平遥古城媲美，享有“北平遥、南凤凰”之美誉。

◎ 凤凰古城的建筑规划

凤凰古城保存有明清时期特色民居120多栋，各种庙祠馆阁30多座，是中国西南地区文物建筑保存数量最多的县。城内还有古色古香的石板街道200多条。东门古城楼和北门古城楼尚在。城内青石板街道，江边木结构吊脚楼，以及朝阳宫、古城博物馆、杨家祠堂、沈从文故居、熊希龄故居、天王庙、大成殿、万寿宫等建筑，无

1. 清晨的古城风光
2. 古民居内的传统家具
3. 沈从文故居

不具古城特色。凤凰古城以回龙阁古街为中轴，连接无数的石板小巷，沟通全城。回龙阁古街是一条纵向随势成线、横向交错铺砌的青石板路，自古以来便是热闹的集市。凤凰古城分为新旧两个城区，老城依山傍水，清浅的沱江穿城而过，红色砂岩砌成的城墙矗立在岸边，南华山衬着古老的城楼，城楼是清朝年间的，铁门已锈迹斑斑。凤凰古城北门古城楼本名“璧辉门”，北城门下宽宽的河面上横着一座窄窄的木桥，以石为墩，两人对面都要侧身而过，曾是出城的唯一通道。

古城夜景

51

芙蓉镇

坐标： 湖南省湘西土家族苗族自治州

荣誉： 挂在瀑布上的千年古镇、小南京、湘西四大名镇之一

景点： 溪州铜柱、理石板街、芙蓉镇大瀑布等

◎挂在瀑布上的千年古镇

芙蓉镇是一座山城，具有2000多年历史，位于湖南省湘西土家族苗族自治州永顺县，原名王村。因宏伟瀑布穿梭其中，又被称为“挂在瀑布上的千年古镇”。原为西汉酉阳县治所，因得酉水舟楫之便，上通川黔，下达洞庭，自古为永顺通商口岸，素有“楚蜀通津”之称，享有“小南京”之美誉。电影《芙蓉镇》在此拍摄，随着电影的热播，遂更名为芙蓉镇。芙蓉镇与龙山里耶镇、泸溪浦市镇、花垣茶峒镇并称湘西四大名镇。

◎回荡千年跫音的溪州铜柱

溪州刺史彭士愁与楚王马希范交战多年，溪州之战彭士愁战败后于后晋天福五年（940年）与马希范议和，把战争的经过和议和的条款，镌刻于铜柱之上。铜柱重2500千克，高约4米，柱身为中空八面体，柱内用铜钱填实，柱端覆盖铜顶，铭誓状

1
2 | 3

1. 古镇风光
2. 土王桥
3. 特色竹质酒桶

于铜柱之上，立于会溪，宋天禧二年（1018年）重立时，又羼刻了一些土官衔名。清中叶，柱上铜顶被盗，沉于江心，柱内铜钱亦被人以饴粘钱偷盗殆尽。清光绪十一年（1885年），永顺府知府张曾敫建亭保护。民国年间亭被毁。铜柱的铜质，精纯光润；八面所镌颜、柳体阴文，虽经千载风雨洗刷、霜雪蚀磨，仍清晰如初。溪州铜柱是研究土家族古代历史的重要文献。当地土家族视铜柱为神物。铜柱原立于下溪州故城，1961年，国务院将其定为国家重点保护文物。1969年，酉水下游风滩水库建成，铜柱处于淹没区。经国务院批准，于当年11月将铜柱迁至王村（今芙蓉镇），使千年古镇更加熠熠生辉，现存民俗风光馆内。

滩头

坐标：湖南省邵阳市

荣誉：现代民间年画之乡、全国特色文化古镇

景点：花果山、白云庵等

◎漫话滩头古镇

在雪峰山的余脉之下，九龙回首之外，有一个闻名遐迩的古镇——滩头。据记载，滩头地名的由来，是因为在石桥边，有3条小溪（峡山口、清水、塘边3个方向）在此处汇聚成滩，故取名滩头。滩头镇始建于隋朝，是全国72古镇之一。

滩头的房屋都是明清时期的建筑，除屋顶盖瓦，其他柱、梁、板、檐多为木质，也有用老青砖砌墙或用竹篱刷上石灰做隔墙的。古民居一般为上下两层，虽无雕梁画栋，却也整洁雅致，古色古香。沿溪流而下，依次是东风街、红卫街、民主街、胜利街，而马路另一头的杨家排上、李家排上，则改为了建设街。红卫街和民主街的连接处是以前的镇政府，处于老街的中心位置，从这个位置往上，统称上头街，往下统称下头街。这里无论是街道，还是古建筑，一砖、一瓦、一草、一木无不有着历史的烙印。

1. 滩头年画

2. 木版年画

◎滩头年画

滩头的色纸、香粉纸、年画并称“滩头三绝”。滩头年画是湖南现存唯一的传统木版手工水印年画，是中国“四大年画”之一。

滩头年画形成于唐朝贞观年间，至今已有1300多年历史。从明末清初到民国初年，滩头年画逐步形成了自己独特的艺术风格，纯正的乡土材料和独到的工艺，使作品具有浮雕一般的艺术效果。滩头年画从造纸原料的选择、纸张的制造、刷底，到刻板、7次印刷、7次手绘，一张年画的生产需要经过20多道工序。从手工造纸到年画成品都在一个地方生产，在全国年画制作中极为鲜见。

53

张谷英村

坐标：湖南省岳阳市

荣誉：民间故宫、天下第一村、中国历史文化名村

景点：上新屋、当大门、祖先堂、潘家冲等

◎堪称“民间故宫”的古村落

位于湖南省岳阳市以东的渭洞笔架山和龙形山下的张谷英村，坐落在一个四面环山的盆地里，幕阜山余脉的3座小山峰，像3片大花瓣围合成一朵莲花，将张谷英大屋簇拥其中。村子的东、西、南、北的4个山坳又犹如村子的4个大门，大有“一夫当关，万夫莫开”之势。从高处眺望，四面青山围绕着一片屋宇，渭溪河迂回曲

张谷英大屋

村落中的小桥流水

折穿村而过，金带环抱，是绝美的福地。高翘的屋脊，参差错落；黑瓦白墙，简约明朗；户户相通，屋屋相连，不沾世俗商业气，却满是人间烟火味，张谷英村民族居在这座迷宫似的古村里，繁衍生息几百年，世传不衰。

张谷英村是中国目前保存最完整的由同一姓氏聚族而居的湘楚明清民居，建筑规模庞大，建筑风格奇特，建筑艺术绝美，堪称“民间故宫”。

◎会说话的古建筑

到达张谷英村后，穿过一条印有“福”字的石砖拼成的福字路，就可以看到“当大门”了。何为当大门？取意于大门两侧的石鼓，也就是门当，门当越大也就表示家族越旺、家势越大。这个当大门处于整个建筑群的龙头位置，大小堂屋和天井各24个，住房422间，整个形状就像一把打开的扇子。当大门堂屋的布局是“五井五进”，“井”指的是天井，“进”指的是堂屋。“五井五进”是说当大门堂屋由5个天井、5间堂屋构成。

由此可见，张谷英村的整个建筑群由无数个“井”字组成。厅堂里廊栉比，天井棋布，工整严谨，格局对称，形式、尺度和粉饰色调都趋于和谐统一。也正是有了天井接天井，才形成了屋脊连屋脊的古建筑群。阳光、星光以及自然光影，都透过这一方方天井照进烟火生活。

1. 祠堂

2. 石碾

54

谋道

坐标： 湖北省恩施土家族苗族自治州利川市

荣誉： 中国魅力名镇、湖北省森林城镇、湖北省绿色乡村

景点： 鱼木寨、齐岳山、苏马荡等

鱼木寨双寿居

◎ 走进古老的谋道镇

谋道位于湖北省恩施土家族苗族自治州利川市，距今已有1700多年的历史，辖内有被称为“土家第一山寨”的鱼木寨、有“南方最大的高山草场”之称的齐岳山、有“伊甸园”之称的苏马荡以及黄中土司遗址——船头寨、白莲教遗址——女儿寨。

谋道原名磨刀溪，四川总督赵尔丰曾为溪边关苗作了一副楹联，即“大丈夫磨刀垂宇宙；仕君子谋道贯古今”，后又另撰一联补充道：“磨刀尚武可轻；谋道修文该重”，谋道因此而得名。据《西晋南蒲县治域考》记载，谋道为晋代南浦县城遗址。清代为四川郭里大十甲。1950

1. 石雕
2. 鱼木寨土屋

年，属四川省万县罗田区谋道乡。1955年划入湖北省利川县。1999年，撤乡设镇。

◎不虚此行的谋道之旅

来谋道，有两处是必去的。

苏马荡，海拔1500余米，面积20平方千米。景区一边是神秘奇美的磁洞沟峡谷，一边是一望无际的苍茫林海，一边是南方最大的高山草场齐岳山。景区内森林密布，气候凉爽，宁静自然，风情独特，是人们休闲、度假、纳凉的绝佳胜地。

在谋道镇还有一棵古老沧桑、龙骨虬枝、高大挺拔的水杉树，树高35米，胸径2.5米，冠幅22米，树龄达600多年。1941年，由中央大学于铎教授首先发现，后经植物学家胡先骕、郑万钧教授鉴定为水杉，推翻了“水杉早已灭绝”的定论。这棵水杉是世界上树龄最大、胸径最粗的水杉母树，被称为“天下第一杉”“植物活化石”“世界水杉爷”“水杉王”等。

现在，利川有水杉母树5740棵，每年产籽1000千克左右，为世界稀有珍品，先后有80多个国家和地区的植物学家亲赴利川考察引种。

55

青岩

坐标： 贵州省贵阳市

荣誉： 中国特色小镇

景点： 石牌坊、青岩民居、状元府、文昌阁、北城门等

◎ 充满传奇色彩的青岩古镇

青岩镇位于贵州省贵阳市南29千米，是花溪区南郊中心集散地。《贵州图经新志》载“青崖在治城南五十里，贵州前卫屯田其下”，《贵阳府志》称之为“突起河干，登其上，可眺望数十里”。当地百姓称屯堡为“青崖”，后写为“青岩”。

青岩古镇原为军事要塞。镇内有近代史上响彻中外的青岩教案遗址、状元府、平刚先生故居、红军长征作战指挥部等历史遗迹。

另外，青岩还有一个关于青岩龙的民间传说。传说，那时青岩西南黑神庙的山上是郁郁葱葱的梓木树。在黔陶路旁边龙阁周围，更有森林的油杉。高高的城墙，众多的庙宇殿堂，有万寿宫、寿福寺、龙泉寺等。这龙的头在迎龙阁山下的河里，有许多门板大的鱼陪着。龙尾则在黑神庙的山上，在那儿还看得见龙的鳞片。石板铺就的场坝中央，有座高高的砖塔，塔前有个水池。这个用以焚化水纸的塔和水池下面，正是龙的腰身。据说底下还有一口大铁锅，站着一只大公鸡，是看管龙身的，因为龙的腰一扭动，就会发大水，大公鸡就狠啄它一口，龙身就不动了，青岩

1 | 2　1. 吴张氏贞寿坊
2. 万寿宫

城也就平安不被水淹了。

◎ 精致的象鼻木雕

象鼻木雕在青岩民居十分常见。大多用于房前挑檐枋，挑檐枋是需要承重的，将其雕成象鼻形，无疑是力量的体现。青岩民居的林柱子，其断面有圆形的、方形的，还有方形抹角的。圆形、方形称为圆柱、方柱，而方形抹角则被称为“芝麻柱”，原因是其柱形酷似芝麻秆。“芝麻柱”除具有线条美，还反映出人们“多子多福”“步步高升”的传统文化的美好寓意。有的人家，在朝门前或大门前，铺满青石板，其上雕刻蝙蝠、古钱、白果、鲤鱼等图案，意为“开门见福”“开门见财”“开门见子”“年年有余”等吉象。青岩民居的外装饰，看上去并不怎么豪华，也不特别抢眼，但仔细观察，文化内涵极为丰富。

雨后的古镇街道

云山屯

坐标： 贵州省安顺市

荣誉： 中国历史文化名村

景点： 大屯门、明清一条街

◎ 云山屯的点睛之笔

云山屯位于贵州省安顺市，始建于明洪武十四年（1381年），是目前保存最完好的屯堡文化村寨，犹如一部古代屯田文化的百科全书，也是“云峰八寨”中最璀璨的一颗明珠。它的雄奇、险峻和美丽，曾令无数游客流连忘返。村里既保存有用作防御工事的屯门、屯楼、屯墙、古街道，又有江南建筑风格的门楼、窗室，砖雕、石雕、木雕浑然一体。云山屯2001年被国务院确定为全国重点文物保护单位，2005年成为贵州省唯一获得“中国历史文化名村”称号的村寨。

明清一条街全长600余米，宽3~5米，全部由青石板铺设而成。这条不太长的古街道，却被历史分成了3段：第一段是这条街的前半段，主要的建筑与人文景观以明朝的为主；中间一段是清朝的；最后一段则是民国及以后年代的。在这条古街上，还有许多小巷巧妙地与各户的三合院、四合院、碉楼等相连接，形成了攻防相济的通道。

1
2 | 3

1. 古镇老街
2. 前屯门
3. 古戏台

◎ 屯门

云山屯共有前后两个屯门，前屯门也称为“大屯门”，是用巨石垒砌而成的，两旁的寨墙高达7~8米，厚约1.5~2米，寨墙全长1000米左右；上面有炮眼和垛口，各处的制高点还有众多的哨棚，一旦发生战争，就构成了一套系统、完善的指挥和作战体系。看到这防御严密的建筑，便让人想起诗人李白“一夫当关，万夫莫开”的名句。据史料记载，大屯门初建于明代弘治年间。正德五年（1510年），安顺州发生西堡兵变，战祸殃及云山屯，寨墙被毁坏；清朝同治年间，重新修建并增加了它的长度和垛口叠层；从墙上无数凹凸式的垛口，我们依稀可见当年金戈铁马、战火纷飞的战争场面。

屯门为歇山顶式建筑，平时两扇木门，白天打开，晚上关闭；遇到紧急情况，哨兵击鼓为号，则防御战开始，大门随之紧闭。

德夯苗寨

坐标：湖南省湘西土家族苗族自治州

荣誉：小张家界

景点：玉门泉、骆驼峰等

◎ 神秘的湘西苗寨

德夯，苗语为“美丽的峡谷”，由于山势跌宕，绝壁高耸，峰林重叠，形成了许多断崖、石壁、峰林、瀑布、原始森林。这里溪流纵横，峡谷深壑，瀑布飞泻，群峰竞秀，古木奇花，珍禽异兽，有“小张家界”之美称。德夯苗寨位于德夯风景区的核心，犹如一颗璀璨的明珠。苗寨依山而建，千山飞瀑环抱，民居飞檐翘角，半遮半掩。吊脚楼，雕花窗，造型奇特，格调鲜明，色彩纷呈，丰富多彩，无不显示出悠久的历史氛围。

德夯苗寨清幽静雅，淙淙溪水穿寨而过，河流沿岸的古渡上停泊着几艘荡荡悠悠的小舟，标志性的吊脚楼分立在河流两岸。斑驳的石板路、石拱桥，不时有苗族女子在水边洗衣，溪边还有巨大斑驳的筒车，千百年来不停地随着水流慢慢旋转，发出“咕噜咕噜”的声音，似乎在向游人讲述昔日的故事，正是这样的一静一动，勾勒出德夯苗寨的一派田园风光。

“小张家界”仙境

◎ 触及心灵的世外桃源

走进古寨，那些安静的吊脚楼依偎着蜿蜒曲折的溪流，既实用又美观。古寨的生活是淳朴安宁的，时有袅袅的炊烟从屋顶升起。夕阳西下，古寨开始热闹起来，一簇簇篝火被点燃，鼓点声声。男女老幼围着篝火扭动腰肢，一切烦恼和劳累都烟消云散。

特有的民俗文化是苗寨最吸引人的地方，热热闹闹的跳鼓表演是苗寨民俗文化的最佳代表。之所以称之为跳鼓，是因为苗家姑娘在打鼓时，还会配以许多舞蹈动作，舞姿时而优美，时而狂放。苗鼓仿佛拥有一种神奇的魔力，人们只要往前一站就好像浑身充满了无穷的力量。随之而来的鼓点铿锵有力，简单直接，似乎要将所有的情感都融入到鼓声当中，直抵心灵。听着欢快的鼓点，浑身的细胞似乎都开始躁动起来，只想和她们一起舞蹈、一起释放。在优美的景色中喝酒、唱歌，尽情地欢愉，心灵也得到极大的慰藉。

58

镇远

坐标：贵州省黔东南苗族侗族自治州

荣誉：中国历史文化名城

景点：青龙洞、天后宫、吴王洞、铁溪等

◎ 历史悠久的苗乡古镇

镇远古镇是贵州省黔东南苗族侗族自治州镇远县的名镇，位于㵲阳河畔，四周皆山。城内外古建筑、传统民居、古码头数量颇多，素有“滇楚锁钥、黔东门户”之称。镇远历史悠久，自秦昭王三十年（公元前277年）设县开始，至今已有2000多年的历史，其元代、清代为道、府所在地达700多年之久。

追本溯源，古代的镇远，地处历史上“五溪蛮”和“百越人”聚居的接合部。城内有古街古巷曲径通幽，有青龙洞古建筑群和明清古民居、古巷道、古码头、古城垣等160余处，艺术价值与科考价值极高。古城垣建有战神庙、城墙、烽火台、堡屯、炮台等军事体系堡垒。

1 1. 三清观

2 2. 家家户户挂红灯

◎ 独特的建筑风格

镇远的建筑都是青砖黛瓦，每一块青石板、每一块青砖都记载着历史，诉说着千年古镇的沧桑。迎风飘扬的蓝色锦旗、大红灯笼是古镇最亮丽的点缀。城边的河

水碧绿，可以在河上泛舟，看两岸错落有致的房屋，望远处连绵的青山。到了晚上，河的两岸万家灯火，古镇显得更加静谧。

镇远古镇青龙洞古建筑群建于明代中叶，距今已有500余年的历史。它立于悬崖之上，集儒、道、佛、会馆、桥梁及驿道建筑文化于一身，是贵州的名胜古迹。

晚霞中的古镇

59

隆里

坐标：贵州省黔东南苗族侗族自治州

荣誉：中国传统村落、中国历史文化名村

景点：龙标书院、状元桥、状元墓、状元祠等

◎隐藏于田园的古城

隆里古镇与镇远古镇、青岩古镇和丙安古镇并称为贵州四大古镇。据史料记载，明洪武十八年（1385年），明太祖朱元璋派第6子楚昭王朱桢率大军征剿义军，在隆里实行“军屯”，设立了“隆里千户所”并屯集重兵、建造城垣。隆里古城是一座有着600多年历史的明代军事城堡。

隆里的明清典型建筑，全都采用当地优质杉木。隆里所有街道都不开“十”字，而是开“丁”字，这是因为“十”与“失”同音，设“丁”字路则盼望人丁兴旺，且显得城内错综复杂。

◎东、南、西、北四门的用途考究

隆里设置东、南、西、北4座城门，城门设置虚虚实实，让人感到“明通暗塞，暗通明阻”。东门称清阳门，是财门；南门称正阳门，是喜门；西门称迎恩门，

1 | 2 | 3

1. 关西第
2. 古镇雕花木门
3. 九狮图照壁

是水门；北门称安定门，闭而不开。东门、南门供百姓日常出入使用，西门是专门用来迎接朝廷要员或上级官员的。隆里人还喜欢在门楣上用遒劲有力的大字写上自家的堂名，如“三槐第”“济阳第”“五柳堂”“开科第”“苏湖第”“关西第”“四知堂”“清白第”等，名目繁多。这“关西第”“书香第”“科甲第”“耕读第”等匾额的背后，都记录着庭院过去的历史。隆里古城建筑的风格实现了人与自然的统一，它超前、合理的规划布局，令现代人望尘莫及。隆里古城有72姓，72口水井。城内街道均为卵石铺就，街巷纵横交错，建筑整齐和谐。

60

肇兴

坐标：贵州省黔东南苗族侗族自治州

荣誉：中国最美的乡村古镇、侗乡第一寨

景点：肇兴鼓楼群

◎侗乡第一寨

肇兴侗寨位于贵州省黔东南苗族侗族自治州黎平县，是黔东南侗族聚居区规模最大的侗族村寨，也是侗族的民俗文化中心。肇兴侗寨四面环山，寨子建于山中盆地，两条小溪汇成一条小河穿寨而过。寨中房屋为干栏式吊脚楼，鳞次栉比，错落有致，全部用杉木建造，硬山顶覆小青瓦，古朴实用。肇兴侗寨分内姓外姓，对外全为陆姓侗族，分为五大房族，分居在五个自然片区，当地称之为“团”，分为仁团、义团、礼团、智团、信团五团。

寨子里有侗歌队、侗戏班。每逢节日或宾客临门，族人便会欢聚于鼓楼、歌坪，举行踩歌堂、抬官人等民俗文娱活动。歌曲种类繁多，有侗族大歌、蝉歌、踩堂歌、拦路歌、琵琶歌、牛腿琴歌、酒歌、情歌、山歌、河歌、叙事歌、童声歌，等等。寨子里每隔一年的中秋节会举行一次芦笙会，主、客竞相吹奏比赛，笙歌阵阵，场面极为壮观。

水稻梯田

◎ 全国侗寨中绝无仅有的鼓楼之乡

肇兴侗寨以鼓楼群最为著名，其鼓楼在全国侗寨中绝无仅有，被载入吉尼斯世界纪录，被誉为“鼓楼文化艺术之乡”。寨中五团共建有鼓楼五座、花桥五座、戏台五座。五座鼓楼的外观、高低、大小、风格迥异，蔚为大观。

侗寨鼓楼寓意吉祥、兴旺，由全寨人集资修建。鼓楼的作用为：一是侗寨的标志；二是侗族族姓的标志；三是侗族人休闲的场所；四是年轻人社交的场合；五是接待客人的地方；六是集会议事的要地；七是传递信息或报警的工具；八是祭祀的地方，每年正月初八踩堂祭萨。

关于鼓楼的起源，说法不一。坊间传闻三国时，诸葛亮南征，曾扎营侗乡，为方便指挥，在营寨中修筑高亭，内置铜鼓，以鼓声传令，遂流传成为鼓楼。

岜沙

坐标：贵州省黔东南苗族侗族自治州

荣誉：中国最后一个枪手部落

景点：古老的木质吊脚楼

◎ 中国最后一个枪手部落

岜沙在苗语中是草木繁多的意思。岜沙隶属从江县，距离从江县城7500米，位于山顶和国道321老线公路边，是一个纯苗族村寨。全村至今还保留有浓郁的古代遗风和古老的生产方式。

岜沙现有2100余人，属苗族的巴拉河支系（旧称黑苗），据说是蚩尤第3子的后代，分住在月亮山麓茫然林海中的5个寨子里。岜沙村寨现如今仍保持着男耕女织的传统生活方式，饲养牲畜，耕田种地，养狗打猎。男人一支猎枪、一条狗、一支杠子便出门了，随意游走在山地，耕猎样样拿手。女人做家务，纺线织布，用木槌将布捶得又亮又挺，加以绣染，土法做出的衣服紫黑发亮，防雨防风。

走进岜沙，随处可见茂密的森林。这里箐黑林密，蚕从鸟道，具有很强的隐蔽性，千百年来极少有外人进入。岜沙村不大，村寨建于山梁坳口及面向都柳江一侧的半坡上。村寨木楼古朴、简单，四周密林环绕，环境清幽。

雾锁岜沙

◎ 独特的风俗和服饰

岜沙村民全系苗族，衣着传统，发饰奇特。岜沙的服饰，大多是妇女自纺、自织、自染、自缝而成的。通常情况下多用青色，白布仅供做内衣。

男人头部周围未蓄长发，顶部长发始终未剃，绾髻于上形成特有的“苗鬏鬏”，苗话叫“户棍”。男子上身穿无领左衽铜扣青衣，下着直筒抿腰大管青布裤，赤足，出门时腰挂旱烟袋、火药葫芦、铁沙袋和砍刀。女人头发散绾，插银簪、木梳，青年发式近似“公鸡头”，穿对襟无领布扣或布带上衣，襟边及袖口镶花边，挂菱形胸兜，靠领处有块长约15厘米、宽约8厘米的蜡染或刺绣图案，两上角各有一条带子交叉系于领后；下身穿短裤，露出膝盖（从前着裙无裤），未婚者围一袭青色百褶裙，已婚者则围青白为主的花百褶裙，有的腰间还佩戴银质或铜质针筒。

第七章

川渝山地

神秘的东方古堡守卫众多『天府仙山』，起伏山地，历史悠久的灯舞，照亮巴蜀文化的历史卷轴。

黄龙溪

坐标：四川省成都市

荣誉：中国天府第一名镇、四川最美古镇

景点：古街坊、古寺庙、古树、古佛洞、三县衙门、陈字水碾等

◎一古贯穿的千年古镇

黄龙溪古镇位于四川省成都市双流区西南部边缘，至今已有2100多年的历史，古名赤水。据《仁寿县志》载："赤水与锦汇流，溪水褐，江水清。"古人谓之"黄龙渡清江，真龙内中藏"。《隶读》著录《黄龙甘露碑》记载："黄龙见武阳事，筑一鼎，象龙形，沉水中……故名曰'黄龙溪'。建安二十四年（219年），汉时武阳兼新津彭山之地，东县（华县）东南接壤，仁寿也像龙牙，黄龙所春之地，著属武阳，公属治境，故溪以是名矣，故名曰'黄龙溪'。"

黄龙溪古镇原址位于府河东岸的回水境内，明末清初毁于一场大火，故又名火烧场，后有贺、乔、唐三姓人家迁到现址建场，逐步发展成现如今的规模。

古镇以古街、古树、古庙、古堤、古埝、古民居、古码头、古战场、古崖墓和古衙门的"十古"著称。古镇上的"一街三寺庙""三县一衙门""千年古树伴古镇"等都令人叹为全国奇观。古镇镇江寺对面是锦江与鹿溪河的交汇口，锦江水清、鹿溪水褐，可见"黄龙渡清江，真龙内中藏"的景观，泛舟水上，空灵飘逸，

廊桥夜景

吟诗品茗，如梦如歌。

◎ 食在黄龙溪

黄龙溪有很多特色小吃，例如一根面、芝麻糕、丁丁糖、珍珠豆花、牛皮糖、臭豆腐、肥肠粉、黄辣丁、月牙街周公馆油烫鸭、焦皮肘子、土豆豉等，每一样都能牢牢地抓住你的胃。

芝麻糕是黄龙溪的一种民间小吃，口感香甜，细腻绵软，老少咸宜。据县志记载，古时曾作为地方名点进献宫廷。黄辣丁是取自锦江、鹿溪河中的野生河鲜，肉质细腻，无腥味。焦皮肘子是黄龙溪人人称道的特色菜，其色泽红亮，口味甜鲜，粑而不烂、肥而不腻，是餐桌上的佳品。石磨豆花，又称珍珠豆花，因其色泽白润、口感细腻而出名。一根面，又称长寿面、长久面等，是宋、元、明、清时期黄龙溪古镇著名的特色传统名小吃，几乎家家户户都会做。若来黄龙溪，除了大饱眼福，一定不要亏了自己的胃。

1 / 2

1. 牌楼

2. 古镇风光

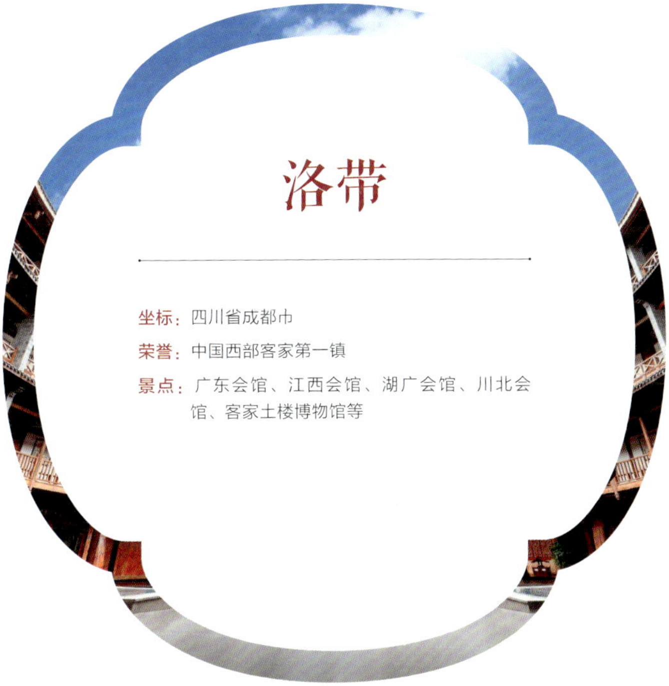

洛带

坐标： 四川省成都市

荣誉： 中国西部客家第一镇

景点： 广东会馆、江西会馆、湖广会馆、川北会馆、客家土楼博物馆等

◎ “中国西部客家第一镇”

地处四川省成都市龙泉驿区境内的洛带古镇，是成都“东山五场”之一。镇上有90%以上的居民是客家人，至今仍讲客家话，并沿袭客家习俗，是四川客家聚集区的典型代表。洛带历史悠久，始建于三国蜀汉时期，传说因蜀汉后主刘禅的玉带落入镇旁的八角井中而得名。

洛带古镇是成都近郊保存最为完整的客家古镇，被誉为“中国西部客家第一镇”。镇内千年老街、客家民居保存完好，老街按“一街七巷子”格局铺陈开；街道两边商铺林立，属典型的明清建筑风格。“一街”由上街和下街组成，宽约8米，长约1200米，东高西低，石板镶嵌；街衢两边纵横交错着的“七巷子”分别为北巷子、凤仪巷、槐树巷、江西会馆巷、柴市巷、马槽堰巷和糠市巷。

1｜2 3

1. 客家土楼博物馆
2. 禹王宫
3. 客家土楼的圆形天井

◎ 考究的建筑特色

洛带古镇的建筑极具特色，屋面上部为双坡型，在双坡的左右，是两际山花，极具装饰美感；下部为4个坡面，前后与上部双坡自然连接，呈凹曲线，下垂到檐口略有起翘。大屋顶的脊曲直多姿，形象华美。另外，硬山顶为“人”字形两坡顶又一形式。屋顶两坡交界处常以片瓦或砖铺砌成单脊。两侧山墙与屋面齐平或略高于屋面，使得山墙形象颇为突出。山墙两际有时砌作方砖博风板。再就是攒尖顶多见亭，其基本造型为一顶高高在上、尖锥形大屋顶形制。其平面随建筑形状而各呈其态，有圆形、方形与正多边形。圆形平面的屋面用上小下大的“竹子瓦”铺砌，其余一般以筒板瓦铺盖。 卷棚顶是将歇山顶或硬山顶的正脊做成圆弧形，有歇山卷棚、硬山卷棚两种，是无脊的一种大屋顶形制，在外观上，少耸起之感，屋面比较平缓，给人以温和、圆柔之美感。

罗泉

坐标：四川省内江市

荣誉：中国100个千年古镇之一

景点：盐神庙、城隍庙、万寿宫、东岳庙、罗泉会议会址、绣楼、罗泉溶洞、子来桥等

◎ 罗泉镇颇具传奇色彩的名字

罗泉镇又称罗泉井，因整个布局呈“龙”形，所以又称龙镇。

罗泉镇位于四川省内江市威远县、资中县和眉山市仁寿县交界地带，地形主要是以深丘为主，沱江支流——珠溪河纵贯其境。相传三国时期，蜀汉丞相孔明南征扎营营盘山，因为持续干旱，营盘山水源奇缺，孔明派兵挖井取水，几天后井底涌出泉水。孔明前往井边察看并品尝，他见井似箩筐大小，遂命名“箩泉井”。而后清朝时期一位罗姓府衙不满资州一位竹姓官员比他官大，压在他的头上，便将“箩”字上的“⺮”去掉，简称“罗”，并将“罗泉井”作为标准地名使用，后来又将“井”字去掉，罗泉镇由此得名。

◎ 以盐闻名天下

罗泉以盐而闻名天下，其悠久的制盐历史可追溯到秦代，至清朝时盐业开发已

达到顶峰，清光绪年间，罗泉已有盐井1500余眼，所产的井盐在1925年获巴黎世界博览会金奖。那时的罗泉商贾聚集，马嘶骡叫，热闹非凡，当地的盐神庙便是最好的见证。据《盐法志》载：资州罗泉井，创于秦，盛于清。盐商们于清同治七年（1868年）筹资建盐神庙。庙占地1670平方米，庙门、牌坊、戏台、耳楼、大殿、侧房、走廊、院坝等建筑布局协调，结构紧密，造型灵巧。庙内供管仲为盐神，关羽和火神则作为管仲的辅佐相伴左右，整座盐神庙重檐三级，翼角高翘，正殿屋顶的群龙嬉戏抢宝图，虽历经百年的风吹雨打，今天仍栩栩如生。

1
2

1. 盐神管仲彩塑
2. 重檐三级

65

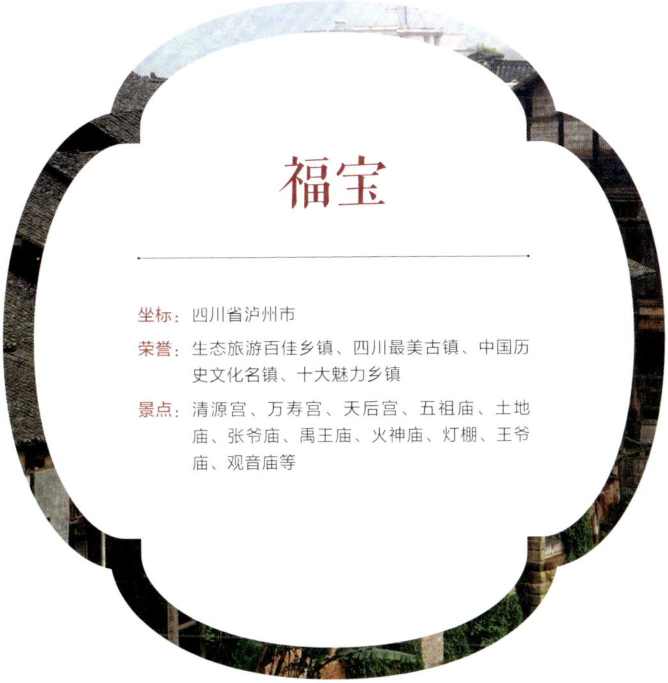

福宝

坐标： 四川省泸州市

荣誉： 生态旅游百佳乡镇、四川最美古镇、中国历史文化名镇、十大魅力乡镇

景点： 清源宫、万寿宫、天后宫、五祖庙、土地庙、张爷庙、禹王庙、火神庙、灯棚、王爷庙、观音庙等

◎ 以庙宇兴场的古镇

福宝古镇又称佛宝古镇，距四川省泸州市合江县城 42 千米，是四川省福宝国家森林公园的门户。古镇始建于元末明初，到明末清初已“积众数百家，可为巨镇”，成为大漕河流域政治、经济、文化交流中心。建镇时因交通极不方便，谋生艰难，故以庙宇兴场，得以取名佛宝场，后因一次大火重建，在正街上挖到一直径约 2 米的鹅卵石，后改名为佛宝新场。1949 年后更名为福宝场。福宝古镇依山而建，保存完好。其中的回龙街是全镇保存最完整的一条古街，沿回龙桥而上，在大青石铺成的街道两旁，民房一间靠一间、大小不一，形成九龙巷、刘家巷、包青巷、柴市巷、鸡市巷等 5 条巷道，街道全长 450 米，宽 1.5~8 米，是当时最热闹的繁华地段，并有回龙桥、三宫八庙、惜字亭等古建筑掩映其中。

1 / 2 | 3

1. 错落有致的民居
2. 古老的木板房和青石板路
3. 古镇悠闲的生活

◎ 幽静古朴的世外桃源

古镇的屋宇高低错落、鳞次栉比、千姿百态，一排排木质吊脚楼错落有致，随山势起伏。小街宽处七八米，窄处仅一米半左右，全部由青石板铺就，石阶起起落落，蜿蜒伸向前方。不时见撑伞的行人在石梯间上上下下，朦胧间呈现出一幅雨中小镇的诗意画面。由于所处地理位置较偏僻，古镇显得有些冷清，但整体保存比较完好，风貌依旧。佛宝文化源远流长，民间艺术种类繁多，如演灯戏、对山歌、打连枪、耍花灯、舞狮子等，特别是独具特色的佛宝唢呐锣鼓演奏，被誉为“难得的民间文化艺术珍宝”。

66

尧坝

坐标： 四川省泸州市

荣誉： 四川省文化先进乡镇、泸州市小城镇建设试点镇、四川省文化模范地区、中国历史文化名镇

景点： 林家铺子、晓云轩、进士府、周公馆、王朝闻陈列馆等

◎ “川南古民居的活化石”

尧坝位于四川省泸州市，地处四川盆地边缘的丘陵地带、川南黔北接合部。古镇四面环山，是古江阳到夜郎国的必经之路，被誉为“川南古民居的活化石”。在北宋时期便是川黔交通要道上的驿站，四川和贵州之间往来的商帮都会在此歇脚，久而久之就形成了集镇，被称为“川黔走廊”，是享誉川黔的文化名镇、影视基地、佛教圣地。明清时期的尧坝镇是川黔商贸最繁华的地区，在民间甚至流传着“在别处买不到的东西，在尧坝都买得到”的说法。古镇内有王朝闻陈列馆、林家铺子、进士府、晓云轩、周公馆等景点。

◎ 挑夫们挑出来的古镇

古镇的今日是几代人日日夜夜辛苦造就的。早在明清时期，要把货物运到镇里并不是件容易的事情。因为古镇地处四川盆地的最南缘，属于深丘陵地带，是典型的

1 / 2 | 3

1. 慈云寺
2. 古法制酱
3. 古镇民间春节活动

“地无三尺平”。往来货物的运输，只能依靠挑夫们一步一脚地挑出大山。日夜奔走在崎岖山路上的挑夫们，肩上背负着沉重的货物，翻山越岭，长途跋涉，古道上被踏出的一条条山路，诉说着他们的辛劳。一根扁担，两根麻绳，挑夫们就这样日复一日地穿行在川南黔北的大山之间，因此，直到今天，人们还把尧坝称作“挑夫们挑出来的古镇”。正所谓“一方水土养一方人”，尧坝是一个被大山孕育的古镇，正因为这样特殊的地理环境，才造就了一个“活着的古镇”和风格独特的川黔民俗文化。

67

桃坪羌寨

坐标：四川省阿坝藏族羌族自治州

荣誉：羌族建筑艺术活化石、神性的东方古堡

景点：新羌寨、古羌寨、杨家大院等

◎ 探寻神秘的东方古堡

桃坪羌寨位于四川省阿坝藏族羌族自治州理县杂谷脑河畔桃坪乡，是世界上保存最完整且尚有人居住的碉楼与民居融为一体的建筑群，享有“天然空调”之誉。其完善的地下水网、四通八达的通道和碉楼合一的迷宫式建筑艺术，被中外学者誉为“羌族建筑艺术活化石”“神性的东方古堡”。

羌族先民自古就拥有砌石修房的精湛技艺，至今仍然保持着古朴原始的羌族风情。桃坪羌寨依山而建，垒石为室。寨前杂谷脑河水奔流而过，两座耸立的土舍碉，与对岸山峰上的烽火台遥遥相望。羌族建筑构思独特，人们为防御敌人侵略，把所有住房相互连通，另外，羌族先民修建暗沟引山泉从寨内的房屋底下流过。因此，在极具人性化的寨内，经常可以听到“叮叮咚咚”的水流声。走进桃坪羌寨，便可感受扑面而来的浓郁的羌族风情和古老的历史，品尝醇香的青稞酒，体验羌族神秘的文化，观赏热情奔放的羌族歌舞……

碉楼作为整个寨子的标志性建筑，由于历经战事、自然灾害的破坏，目前仅剩

羌族姑娘

两座，一座是陈仕明的住宅，另一座雄踞在寨子对面的河岸上。幽深而神秘的巷道介于墙体和墙体之间，由于一些巷道上搭建了房屋，于是便有了无数暗道，进入其中就仿佛走进一个迂回曲折的迷宫。

◎浓缩羌族千年历史的桃坪羌寨

桃坪羌寨，羌语意为楔子，是一座以羌族和古碉楼群闻名的古寨，独特的羌族建筑让这个地方显得格外神秘。桃坪羌寨以八卦形布局，打破中国传统古城东、西、南、北4个方向修筑城门的格局，以碉楼为中心，设置呈放射状分布的8个出入口。寨子里的人建房子均就近取材，利用附近山上的土、石等资源。建筑虽然在施工时不绘图、不吊线、不测算，信手砌成，但结构却异常匀称坚固，棱角突出，精巧别致，可谓世界建筑史上罕见的一大奇观。

在桃坪羌寨内，羌民们仍然保留着传统的生活习惯，从田间采摘苹果的孩童到门前穿着整齐民族服饰的老者，从正在织羌绣的妇女到喝着青稞酒的彪汉，都呈现出一种田园牧歌式的生活境界。

碉堡暗道

丹巴

坐标：四川省甘孜藏族自治州

荣誉：中国最美丽的乡村、中国历史文化名村

景点：丹巴美人谷

◎ 古风遗韵藏美景

丹巴位于四川省西部、甘孜藏族自治州东部，是甘孜州的东大门，东与阿坝州小金县接壤，南和东南与康定市交界，西与道孚县毗邻，北和东北与阿坝州金川县相连，面积达5649平方千米。丹巴属川西峡谷的一部分，是典型的高山峡谷地貌，由于受青藏高原季风型气候影响，气候呈典型的立体气候。特殊的地质构造，发达的水系，使丹巴拥有丰富的自然资源。

丹巴建制县时，取丹东、巴底、巴旺三土司音译汉文首字为县名，故名丹巴。丹巴县地势西高东低，海拔1700~5521米，有著名的甲居藏寨、墨尔多神山、中路石棺墓群、莫斯卡格萨尔石刻等旅游资源，有“中国最美丽的乡村”“中国历史文化名村”“中国景观村落”“古碉·藏寨·美人谷”之称。

青山中的藏族民居

◎ 丹巴古碉群

丹巴是我国石碉楼分布最集中、数量最多的地方，被称为“千碉之国”。丹巴县的古碉楼历史，可追溯到秦汉时期，称“邛笼”。丹巴的碉楼源自羌碉，规模宏大，气势非凡。古碉由泥土和石块砌成，外形美观，墙体坚实，大都与民寨相邻而建，但也有单独矗立在平地与山谷当中的。古碉外形从四角、五角到八角不等，少数有十三角，均为高状方柱体，高度在10~50米，大多高30米左右。古碉从其功用上来看，可分为防御碉、烽火碉、风水碉、伏魔碉。防御碉，用于战争时期的防御，冷兵器时代，坚固的碉楼攻不可破，居高临下又十分利于攻击；烽火碉，古时用于传递信息；风水碉，用于祈求平安和福报；伏魔碉，用于避邪去祟。丹巴的石碉楼均为木石结构建筑，现存的石碉楼最早建于汉代。其中，中路和梭坡两乡又是石碉楼分布最多的。

塘河

坐标：重庆市江津区

荣誉：中国历史文化名镇、中国传统村落、重庆市第一批市级历史文化名村

景点：王爷庙、船帮会馆、朱家洋楼、石龙门庄园等

◎以河为名，因水运兴镇

塘河古镇位于重庆市江津区西南渝川接合地带，重庆市风景名胜区黑石山–滚子坪境内，东北面与白沙镇毗邻，西南面与四川省泸州市合江县接壤。作为渝、川、黔交通要冲和物资集散地，塘河古镇以河为名，因水运兴镇，明清时期就形成了舟马不绝、商贾如云的繁荣景象，沉淀着古镇深厚而灿烂的文明历史。

塘河古镇为国务院第三批命名的中国历史文化名镇，全国第四批美丽宜居小镇示范。塘河镇辖三村一社区，其中石龙门村、硐寨村为第四批中国传统村落，2017年成为重庆市第一批市级历史文化名村。因保存完好的原真古镇，被众多影视剧组青睐，如《红色记忆》《纸醉金迷》《雾都》《原乡》《母亲母亲》等影视剧都是在这里拍摄的。

◎气势恢宏的塘河老街

塘河老街是塘河古镇的核心区，占地2.8万平方米，现存明清以来不同时代特征

1 1. 古镇全貌
2 2. 竹筏山涧漂流

的古建筑1.5万多平方米，古街道依山而建，从河畔码头起呈阶梯状蜿蜒上扬，拾级而上，不同风格的建筑错落有致、美不胜收，素有“建筑历史博物馆”之美誉。老街沿街建筑多以青石为基、砖木为墙，奇檐斗拱、雕梁画栋，明清建筑、徽派建筑、西欧建筑都集于此，建筑高度及街道宽度总是维持着适度的比例关系，既不狭窄拥挤，也不会大而不当，人在其间，轻松惬意。古街上有清源宫、王爷庙、朱家洋楼、龙门号船帮会馆等历史建筑。此外，散落在塘河古镇四周的千担岩汉墓群、红岩硐寨群、天台寺、白云寺和滚子坪山寨，也都存留着许多自西汉以来的历史遗迹，是研究巴蜀历史文化发展的珍贵资料。

第八章

北国风光

这里城池街巷、官宅商居、寺庙祠庵，比比皆是，有北方古村落独具的帝王之风。

70

爨底下

坐标：北京市门头沟区

荣誉：中国历史文化名村、北京最美的乡村

景点：影壁、四合院、门楼等

◎ “北京的小布达拉宫”

爨底下村迄今已有400多年历史，现保存着70余套约500间明清时期的四合院民居，是我国首次发现的保留比较完整的山村古建筑群，布局合理，结构严谨，颇具特色，门楼等级严格，门墩雕刻精美，砖雕影壁独具匠心，壁画楹联比比皆是。远远望去，爨底下村既像一个大元宝，又像一张神秘的八卦图，极具神秘感和古朴的风韵，所以这里又被称为“北京的小布达拉宫”。

爨底下村属清水河流域，绿树成荫，村后1200米处，有古道“一线天”。这里至今居住的依旧是清一色的韩氏家族。“爨”原意有灶的意思，当年在建这个山村时，主人为其取名“爨底下”，意为躲避严寒，或许有避难之意，观景寓意，让人大有世外桃源之感。

1. 岭上栈道
2. 鸟瞰北方四合院
3. 村口石刻

◎ 古色古香的四合院和精湛的雕刻艺术

一条街道将村落分为上下两部分。民居以村北的山包为轴心，呈扇面形向下延展。古民居以清代四合院为主体，基本由正房、倒座和左右厢房围合而成，部分设有耳房、罩房，主要分为山地四合院、双店式四合院及店铺式四合院。四合院的附属建筑主要有门外影壁、门内影壁、门楼、拴马桩、上马石、荆芭棚等。民居装饰有砖雕、石雕、木雕、字画等，雕刻装饰多以象征吉祥的花卉、鸟兽为主，如喜鹊、蝙蝠、牡丹、荷花、莲蓬等，装饰的主要部位集中在建筑的屋脊、檐口、墙腿口、门墩石、门窗、门簪、门罩、墙壁及影壁等处。

71

皇城相府

坐标：山西省晋城市

荣誉：全国文明单位评选冠军

景点：斗筑居、中道庄等

◎ 游皇城，览相府

皇城相府位于山西省晋城市阳城县北留镇，以其磅礴雄浑、古朴典雅的建筑群落著称，是一处保存完整、规模集中、罕见的明清两代城堡式官宦住宅建筑群，被誉为“中国北方第一文化巨族之宅”。

皇城相府原名中道庄，是清代康熙皇帝的老师，《康熙字典》总阅官、文渊阁大学士兼吏部尚书陈廷敬的府邸。因康熙皇帝两次下榻于此，故更名为皇城。皇城经陈家数代人不断建设，内城为陈廷敬伯父陈昌言在明崇祯六年（1633年）为避战乱而建，外城完工于清康熙四十二年（1703年），有院落16座，房屋640间，总面积约3.6万平方米。皇城由内城、外城、紫芸阡等部分组成，其选址坐拥樊山半腰，外环抱沁河，既能便利取水，又不会被水淹，同时还兼顾防御的功能，符合传统风水学“藏风聚气、山环水抱、前有照后有靠”的思想。整个建筑群落靠山面水，依山而建，拾级而上，错落有致，府外青山绕城，每走一步都有不同的景致呈现在眼前。绿水束府内街巷纵横，建筑鳞次栉比，景色步移景异，让人有种“人道我居城

1
—
2

1. “陈廷敬恭迎康熙帝”实景演出

2. 陈氏祠堂

市中，我疑身在万山中”的代入感。

◎ 感受皇室贵族的奢华生活

皇城建筑古朴粗犷、浑厚坚固，处处透着奇特宏伟的神秘感，再加上典雅别致的砖雕、木雕、石雕艺术装饰和大量皇家御赐牌匾、物件、门楼、牌坊、景观小品，给人以强烈的心灵震撼与视觉冲击。

皇城相府内布局紧凑，如同一座封闭的堡垒，内有私塾（家学）、铁匠铺、花园、藏兵洞、河山楼、女儿院、管家院等，功能分区合理，生活设施齐全，为明清官宦府邸之集大成者。

72

鸡鸣驿

坐标：河北省张家口市

荣誉：中国历史文化名村、世界濒危遗产

景点：贺家大院、泰山庙等

◎ 鸡鸣驿的传奇色彩

鸡鸣驿城位于河北省张家口市怀来县，是一处建于明代（1368—1644年）的驿站遗存，因背靠鸡鸣山而得名。因驿而设城，以驿名定城名。据专家考证，鸡鸣驿城是全国现存规模最大、最富有特色的邮驿建筑群，具有重要的历史、艺术、科学价值，2001年被国务院公布为全国重点文物保护单位。鸡鸣驿所处的驿路，早在先秦时代就以“上谷干道”闻名于世。古时的鸡鸣驿，在担负军、民驿站的同时，也成为商家发聚之地。

◎ 独特的建筑布局

鸡鸣驿城内5条纵横交错的街道大致将驿城分为12个区。前街是军政机关所在地，即驿丞署、指挥署；其次为日杂、杠房、缸房、花纱、酒肆、当铺等服务性实体。西街是驿站设施，即公馆院、马号、军号。东北是驿仓，正北是驿学。驿城还

1. 黄昏驿城美景
2. 清代壁画
3. 鸡鸣驿博物馆“驿兵传递文书”场景雕塑

分布有泰山庙、文昌宫、龙神庙、财神庙、普渡寺、城隍庙等佛教、道教、儒教寺庙建筑。

多座庙宇内保留的明清壁画，至今色彩依旧，人物栩栩如生。据鸡鸣驿城里很多现存的碑刻记载，该驿在最繁华时仅当铺就有6家，同时还有商号9家、油铺4家及茶馆、车马店等。贺家大院最初是指挥署，也是整个驿城中规格最高的建筑，院内全都是雕龙画凤的砖瓦房，至今二进院的山墙上还留有刻砖“鸿禧接福”4个楷书大字。

73

平遥

坐标：山西省晋中市

荣誉：世界文化遗产、中国现存最为完好的四大古城之一

景点：平遥城墙、镇国寺、双林寺、慈相寺、平遥文庙等

◎壮美的北方古城

平遥古城位于山西省晋中市，始建于周宣王时期，距今已有2800多年的历史。现今的平遥古城还保留着明清时期县城的基本风貌，为中国现存最为完整的一座县级古城。

同样是古城，相对于南方古城来说，平遥古城的沧桑感更为浓厚。走进古城，这种凝重便落在心头，抬起的脚缓缓落下，怕重了会扰了这千年的梦。古色古香的砖、雕、壁、瓦，像有生命般，容纳了各种各样的文化，任何人都能在这儿找到自己的方向与归宿。

正因为平遥古城的包容，才有了“平遥古城十大怪”的俗语。首怪是平遥称呼；二怪是平遥牛肉闻天下，不见田野有牛迹；三怪是平遥小麦稀，面食多得数不清；四怪是平遥人多地亩少，物产贫乏盛产少，票号镖局却振天下；五怪是平遥三轮车两头踩，拉着美女跑得快；六怪是平遥美女额头盖公章，不是公章是拔罐；七怪是平遥房子半边盖，财水不能往外流；八怪是平遥男女老少喊透他，不喊透他不说话；九怪是平遥厕所比井大，方便先要上大桥；十怪是平遥土炕大而宽，三代同床还有余。

日升昌票号的“汇通天下”匾额

◎ 不得不游的历史遗韵

平遥县衙、协同庆、日升昌、文庙、双林寺是初到平遥的必去之处。

平遥县衙保存了封建时代真实的吏治标本，审、问、责、杖、刑等严酷而规整的所谓“王法”，令人望而生畏，县衙在建筑上的豪华和威严极高地反映了皇权的至高无上。

协同庆是中国票号业中一家独具特色的票号，规模庞大，前后共有五进院落，地下的金库为平遥最大的地下金库，当年除存储着众多黄金、白银外，还存有平遥的镇城之宝——樟木雕刻的神龙宝柱，以及明太祖朱元璋时期的文物。

日升昌是中国封建社会时期专营银两异地汇兑，兼营存、贷款业务的私人金融机构，是中国封建时期的私人银行。

号称平遥小故宫的文庙，是中国现存最早的文庙、保存最完整的文庙建筑群、最大的孔子及儒学先贤塑像群、现存规模最大的中国科举发展史、唯一的专业性摄影博物馆。

据古籍记载，双林寺在唐代时就已经存在了，原名中都寺，整个寺庙修建以中轴线为基础，主殿都位于中轴线上，整体呈四方形，因为这里的彩塑最为出名，所以这里也被称为“东方彩塑艺术宝库”。

74

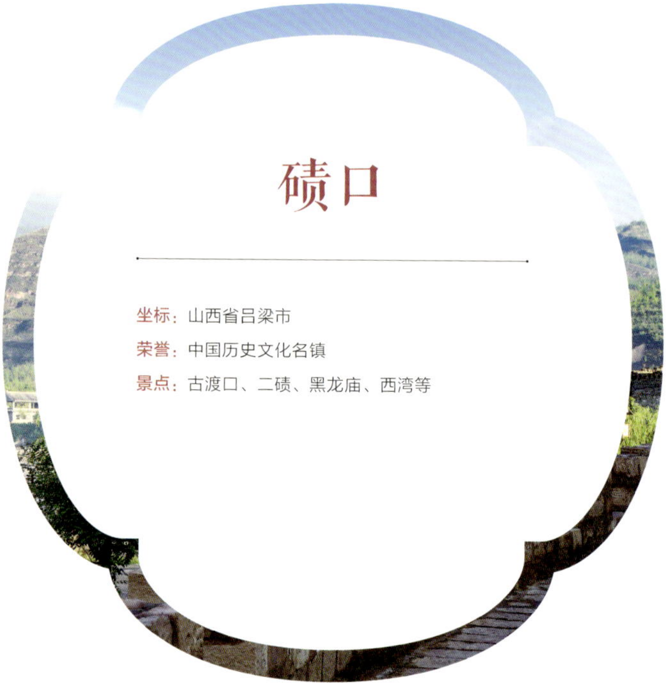

碛口

坐标：山西省吕梁市

荣誉：中国历史文化名镇

景点：古渡口、二碛、黑龙庙、西湾等

◎ “九曲黄河第一镇”

碛口镇是山西省吕梁市临县下辖镇，地处吕梁山西麓，南与柳林县黄河名镇孟门镇相接，东与林家坪镇相连，北与丛罗峪镇接壤，西与陕西省吴堡县隔河相望。黄河由北而来，湫水从东而至，卧虎山横亘镇北，黑龙庙雄峙河东，山环水抱，阴阳交会，山的气势，河的雄浑，形成了“虎啸黄河，龙吟碛口”的壮丽图景。古时，黄河下游凶险，上游来往的船只，往往在碛口停泊转旱路，日复一日，碛口便有了“水旱码头小都会”的美名。明清至民国年间，碛口凭借黄河水运一跃成为北方商贸重镇，享有“九曲黄河第一镇”之美誉，是晋商发祥地之一。来到这里，映入眼帘的有数量众多且保存完好的明清时期建筑，主要有货栈、票号、当铺等各类商业性建筑和庙宇、民居、码头等，几乎包括了封建社会民间典型的漕运商贸集镇的全部类型。由于古镇至今还是原始质朴的居民生活形态，所以又有“活着的古镇”之称。

1
2

1. 九曲黄河第一镇
2. 窑洞

◎ 西湾村陈家大院

西湾村陈家大院距碛口镇1000米左右，是陈氏家族历经明末到民国300年的时间逐步修建而成的，占地面积3万多平方米，依山面水，背风向阳，随势而上，层次感极强，院内5条巷道按金、木、水、火、土排列，寓意家族世代旺盛，其建筑的石雕、砖雕、木雕考究。院院相通、户户相连，楼房院墙不拘一格，样式多变，错落有致。

75

张壁村

坐标：山西省介休市

荣誉：中国传统村落、中国历史文化名村

景点：古堡地道、宫殿庙宇等

兴隆寺屋顶的仙人琉璃雕塑

◎ 迷宫一样的“暗”道

张壁村又叫张壁古堡，位于山西省介休市（晋中市下辖的县级市）龙凤镇，有“地上地下双城子”之称，拥有“地上明堡，地下暗道”的独特军事防御体系，是中国唯一具有军事、民用双重用途的城堡遗址。

张壁古堡隐藏着张壁的地下防御体系，也隐藏着一个个未解之谜。地道弯曲迷离，地道内留存有气孔，通于沟堑外，还有隔井直下三层底部。地道洞壁上每隔一段有一小坑，距离不等，是放置油灯的地方。高层有喂养牲畜的土槽；中层洞壁下方每隔一段有一可容两三人栖身的土洞，是地道的哨位；

寺庙古建筑

底层有宽2~3米、长4~5米的深洞，是存粮的洞穴。如此庞大而复杂的地下工程，其军事需要、对外保密的战略目的可想而知。走在暗道里，就像进入了一个遥远而陌生的迷宫。这里，马槽、将军窑窟、天井水井，还有粮仓、泄洪防堵和壁孔通信设施、暗杀机关，均在昏黄的灯光下充满了诡异色彩。来到堡内最低处，距离地面20米左右的高度，通过正上方开凿的天井仰望外面灿烂的天色，那是一种奇妙的感觉，天空仿佛更加遥不可及了。

◎罕见的袖珍“明”堡

张壁村是我国现有保存较为完好的融军事、居住、生产、宗教活动于一体的罕见的古代袖珍城堡，它集中了夏商古文化遗址、隋唐地道、金代墓葬、元代戏台、明清民居等许多文物古迹，特别是隋唐地道、刘武周庙、琉璃碑等为全国罕见，张壁独有。

古堡建有南北两座堡门，北堡门为砖砌，南堡门为石砌，中间是一条长300米的

古堡内的戏台

街道。街道两侧有典雅的店铺和古朴的民居，还有几座琉璃覆顶、金碧辉煌的庙宇点缀其中。抱柳的古槐和罕见的琉璃碑也为古堡增色不少。古堡的与众不同还在于这里的所有路口都是丁字路口，没有十字路口。其主次街道分明，南北主道长约300米，由石块和石条铺就而成，叫龙街。它与东三巷、西四巷构成了“丁”字形的结构。东三巷民居多为农家小院；西四巷建筑错落有致，街巷格局严整，旧时多为富户居住，门楣考究，砖雕、木雕、石雕精美。保存完好的民居目前主要集中于户家园与贾家巷的嘉会堂。此外，张壁古堡还保留着中国多数古城均已消失的隋唐城市遗存的里坊，在龙街与几条小巷的丁字巷口，游人仍可看到保存至今的巷门，它们是各个里坊唯一的出口。关闭巷门后，各个里坊就成为相对封闭的堡中之堡，里坊之间既可各自为战，又可相互呼应，是一套完好的内部防御体系。

76

乔家堡村

坐标： 山西省晋中市

荣誉： 主体建筑乔家大院被称为“北方民居建筑史上一颗璀璨的明珠”

景点： 乔家大院景区

◎ 皇城看故宫，民宅看乔家

乔家堡村位于山西省晋中市祁县，是一个物产丰富、民俗文化丰富的村落。乔家堡村的主体建筑是乔家大院，又名在中堂。乔家大院因电影《大红灯笼高高挂》而扬名海内外，因电视剧《乔家大院》声名鹊起。乔家大院到底有怎样的来历？

建筑专家郑孝燮曾有“北京有故宫，西安有兵马俑，祁县有民宅千处”的提法，乔家大院集宋、元、明、清之法式，汇江南河北之大成。乔家大院始建于1756年，整个院落呈“双喜”字形，分为6个大院，内套20个小院，313间房屋，建筑面积4175平方米，三面临街，四周是高达10余米的全封闭青砖墙，大门为城门洞式，是一座具有北方传统民居建筑风格的古宅，是以晋商翘楚乔致庸等乔氏家族的宅院而得名，至今完整地保留了乔家鼎盛时期商业和民俗的风貌。

1. 在中堂正门照壁
2. 在中堂“会芳”匾额（木雕）
3. 精美石雕

◎ 乔家大院的文物遗存

乔家大院展陈有5000多件珍贵文物，集中反映了以山西晋中一带为主的民情、风俗，以“展现晋商大院，传承晋商精神”为主线，突出地方民俗特色，展出十大系列展陈内容：农耕习俗、岁时节令、人生礼仪、商贸习俗、民间工艺、豪门陈设、乔家历史、戏剧秧歌、专题展览。文物藏品包括明清书法、绘画、瓷器、铜器、陶器、竹木器、金银器、石器、货币、玉器及织绣等，其中展品“犀牛望月镜”“九龙灯”“万人球”属稀世珍宝，格外引人注目。

1. 大红灯笼高高挂

2. 油纸伞

77

党家村

坐标： 陕西省韩城市

荣誉： 东方人类古代传统文明居住村寨的活化石

景点： 节孝碑、看家楼、文星阁、泌阳堡、大祠堂

◎ 东方人类古代传统文明居住村寨的活化石

党家村位于陕西省韩城市（陕西省县级市，由渭南市代管）东北方向，是泌水河谷地之阳高岸上形似葫芦的风水宝地，始建于元至顺二年（1331年），距今有近700年的历史。村里主要有党姓、贾姓两大家族，共计1400余人。因村中有123座四合院、11座祠堂、25个哨楼，以及庙宇、戏台、文星阁、看家楼、泌阳堡、节孝碑等古建筑，被誉为“东方人类古代传统文明居住村寨的活化石”。

党家村结构由巷道组成，主巷东西走向穿村而过，次巷、端巷与主巷连接，并符合地形排水方向。巷道地面一律石墁，断面凹形，交通与排水共用之。巷道与院落布局按风水说“盖以街巷作水论”，采用巷不对巷、门不对门的方式，于村口设一水口。现存民居群由村、堡组成，宅院均为四合院布局，建筑类型主要包括塔、碑、楼、巷道、祠堂、宅院等，上面有大量精巧的木雕、砖雕、石雕及门额题词等，还有清末建造的寨墙和村中用于守望的看家楼1座。

古旧的车轮

◎ 世界民居之瑰宝

党家村四合院多为独立的院落，虽也有带后院、偏院的，但数量较少。上首的厅房和下首门房都将地基的横向基本占尽，两侧厢房嵌在二者之间，围在中间的院落比较狭窄。厅房门房前坡的大部分檐水，先要流入厢房山墙上用砖悬砌的、紧承屋檐的水槽，再流泻下来。水槽，俗称筒槽，也有的筒槽是檩上架椽、筒瓦包沟结构，高度与砖结构相同，但要宽得多。院中全部青砖铺墁。四面房子的背墙和厅房门房的山墙一起，构成院子的界墙。即使有人得到一块较大的房基地，也都是遵循这一格局，只是两院三院地并排修建而已。

党家村的厢房绝大多数是两坡水，为了节约地基，相邻院落间为厢房后坡檐水留的水道仅一尺来宽，檐水落地后直接排入巷道或拐入自家院中；有的甚至将两院厢房背墙筑得挨在一起，把水道修到墙顶上，后檐檐水由水道汇入筒槽后再分别下泻到自家院中。这里的四合院虽小，却别有一番风味，一个北京四合院的规模抵这三五个。城墙、看家楼、泌阳堡、夹层墙及哨门等攻防兼备的古代防御体系，是党家村保存至今的一个重要原因，也体现出在战乱年代党家村人的聪明才智。

走进党家村，那古老的石砌巷道，那形式多样、千姿百态的高大门楼，那考究的上马石、庄严的祠堂、挺拔的文星阁、神秘的避尘珠、华美的节孝碑与布局合理的四合院，无不向人们诉说着党家村往日的兴盛与辉煌。

鸟瞰党家村

78

米脂

坐标：陕西省榆林市

荣誉：文化之乡、小戏之乡、梯田之乡

景点：李自成行宫、万佛洞、李鼎铭陵园、杨家沟革命纪念馆等

◎ 寻闯王遗迹

米脂窑洞古城位于陕西省榆林市米脂县东南，又称米脂老城，或者以“东街”代称，始建于北宋初年，后经历朝修缮扩建，是一座逾越了千年的历史文化名城。整个古城山环水抱，两山俯瞰，符合传统聚落选址的风水学说。古城以东、南、西、北4条大街为主骨架，大街两侧分布着儒学巷、石坡和寺口巷等13条小巷，构成形若凤凰单展翅的“两山围三水、四街串古韵”的整体格局。中央美院靳之林教授称誉古城为“中华民族之瑰宝”。

古城内的李自成行宫，是李自成在西安建立大顺政权后，其侄李过奉命回米脂修建的。行宫依山据险，前后2层90级台阶，将秀丽别致的乐楼、梅花亭、捧圣楼、二天门以及凌空而立的玉皇阁联结托起，蜿蜒有序地直上山巅。在山顶一块空阔的平地上建有巍峨富丽的启祥殿和兆庆宫，其建筑雄奇挺拔，气势壮观。

陕北窑洞

◎ 不一样的万佛洞

万佛洞，又称万福洞、王沙沟石窟，位于米脂县城北8000米的无定河右岸的悬崖上，共有29个洞窟，是陕北洞窟最多、规模最大的石窟群。万佛洞多洞相连，巧夺天工，浑然天成，窟门大多镌有名称，主要有伽蓝护法殿、观音洞、灵宫殿、白衣洞、关王洞、九天圣母洞。

石窟建造于何时尚无定论，一般认为建于宋朝至元朝。其中主殿伽蓝护法殿为最大石窟，在距离地面30米高的悬崖上。从扶梯登上石窟，可见窟内有残缺一佛二菩萨石雕。更令人称奇的是，殿内左右侧石壁和殿中两根巨型方柱上雕满摩崖石佛造像，造像约5800余尊，造型精巧，数量庞大。另外，在后石壁上又有1200余尊佛像，窟顶藻井另凿有100余尊小佛像。加上剩下的26个石窟的佛像，整个石窟佛像总数过万，因此被称为万佛洞。伽蓝护法殿存有明万历二十三年（1595年）记名残碑一通，上有“万福洞”“万历已未”等字和捐款人名、题诗。

79

静升村

坐标：山西省晋中市

荣誉：北方的江南风景、全国造林千佳村

景点：王家大院

◎ 晋中最大的村庄

静升村位于山西省晋中市灵石县城东12千米处，居中国历史文化名镇——静升古镇之中心，是晋中第一大村，全村人口和户数均居全市第一。静升村环山绕水，负阴抱阳，气候宜人，有“北方的江南风景”之美称。

静升古称“旌善”，后因地方语音演变为“静升”。据史料记载，静升早在唐宋年间就是经济文化发达的区域，到明清时由于晋商的崛起而发展至鼎盛，形成“九沟八堡十八巷，一条大街五里长”“左文（文庙）右武（关帝庙）”的古村落格局。清初，大思想家傅山先生到灵石讲学路经静升时曾誉之为“一径通幽山，居然城市间”。

静升历史文化底蕴厚重，灵石县仅存的6处国家文物保护单位中，静升村就拥有3处，分别为王家大院、静升后土庙、静升文庙。静升村2014年被评选为国家级传统村落，2018年被评选为国家级慢生活休闲体验区。

王家大院鸟瞰图

◎ 探寻原汁原味的古村落

静升村最知名的建筑是被誉为华夏民居第一宅的王家大院。王家大院是静升王氏家族经明清两朝、历300余年修建而成的，包括五巷六堡一条街，总面积达25万平方米，是一座具有传统文化特色的建筑艺术博物馆。其建筑由视履堡（高家崖）、恒贞堡（红门堡）、崇宁堡构成，依山就势，随形生变，层楼叠院，错落有致。其中，红门堡建筑群，是堡又似城，依山而建，从低到高分4层院落排列，左右对称，中间一条主干道，形成一个很规整的“王”字造型，同时隐含“龙”的造型。堡内88座院落各具特色，无一雷同。

如此庄严而又神秘的村子，更适合近距离感受，夜晚的静升村安静得宛如待嫁的女子。抬眼见，清一色的青砖建筑尽收眼底，踩在上面“吱呀”直响。再走近一看，不难发现它们都有故事，被岁月侵蚀的墙砖似在讲述着过去，幽深的巷子极为清静，斜阳倾泻在老宅子上，平添了几分神秘。在这样的意境中行走，真的有种时空穿越的感觉，仿佛回到了从前。

于家村

坐标：河北省石家庄市

荣誉：省级重点文物保护单位

景点：清凉阁、石头四合院、石头古街

庙宇内的泥塑

◎ 独具特色的石头部落

于家村又称石头村，距今有500余年的历史。于家村坐落在太行山麓一个四面环山的小盆地中，村靠山，山围村，绵延起伏的群山俨然是村子的天然屏障。村里人把东西南北四面的山，称为东岭、西垴、南坡、北寨，有“不到村口不见村”的说法。于家村是河北省唯一一处古村落省级重点文物保护单位。

全村六街七巷十八胡同，纵横交错、结解曲伸，每条街道均以碎石铺就，街依房连，房与街齐，规划有序，参差呼应，充满了诗情画意。自先祖于谦起，繁衍至今已有26代。于氏先人靠勤劳的双手，代代开山凿石，辈辈垒房盖屋，建造

1. 于家村内的石头墙壁与道路

2. 清凉阁

了规划有序、工艺奇特、粗犷豪放、独具特色的石头村落。大多为坐北朝南的四合院，正房建在3~5级的石台阶上，院落的大小、形状也各不相同，大多用石板铺砌，显得洁净雅致。院内有石桌、石凳、石槽、石磨以及石头阶梯，还有蓄水的石砌井、窖等。于家村的古旧房屋基本分为两类：一类是明清时期建的瓦房，现保存有近千间，青石墙，灰瓦顶，古色古香，雅俗兼备。另一类是石券窑洞，这是当地的特有建筑。窑洞墙宽近一米，用加工的石头垒砌，顶厚一米左右，以天然石拱券。石头窑洞就地取材，无梁无柱，左拱右券，墙宽顶厚，结构奇特，坚固耐用，美观大方，冬暖夏凉，实乃民居之精品。

◎ 奇特的清凉阁

村东的清凉阁是于家村的标志性建筑。据说它是于谦的侄子于建成独自一人修建而成的。此阁兴建于明万历九年（1581年），下两层为全石结构，上层是砖木结构，形状与北京前门箭楼相似。让人称奇的是下两层没打根基，而是由一块块巨石垒砌，每块石块大得惊人，有的重达万斤。从今天的角度来看，简直不可思议。整个建筑都是由未经雕琢的大大小小的石块垒砌而成的，在当时没有建筑机械的条件下，不知他是如何施工，又花费多大的心思才将这个楼阁建起来的。

参考资料

[1] 《中国自助游》编辑部. 2020中国自助游（第二十版）[M]. 北京：中国地质大学出版社，2019.

[2] 薛金冉. 别样云南，别样风情[M]. 成都：四川人民出版社，2019.

[3] 阿勒泰地区地方志编纂委员会. 阿勒泰年鉴[M]. 新疆：新疆生产建设兵团出版社，2017.

[4] 董剑云，董培良. 晋商与平遥礼俗文化[M]. 太原：山西经济出版社，2017.

[5] 倪庆义. 质朴的古村[M]. 长春：北方妇女儿童出版社，2017.

[6] 周致元，郭学勤. 中国乡土影像·皖南古村落：梦到徽州的感悟[M]. 北京：中国铁道出版社，2015.

[7] 张俊著. 香格里拉[M]. 北京：中国旅游出版社，2015.

[8] 《行者无疆》编辑部. 中国古镇古村游[M]. 清华大学出版社，2013.

[9] 邱国珍. 芙蓉村民俗田野志[M]. 北京：知识产权出版社，2011.

[10] 邹大挺. 沈阳市志1986—2005卷4[M]. 沈阳：沈阳出版社，2016.

[11] 刘丹华，周国宝. 中国古建筑之旅—开平碉楼村落[M]. 南京：江苏科技出版社，2013.

[12] 李秋香，罗德胤，贺从容，陈志华. 中国古代建筑知识普及与传承系列丛书·福建民居[M]. 北京：清华出版社，2010.

[13] 《地理中国》20190725桃坪羌寨[OL]. CCTV节目官网：http://tv.cctv.com/2019/07/25/VIDEVEZBGgbloQiT5eQwp5ys190725.shtml.

[14] 风景名胜[OL]. 额济纳旗人民政府官网：http://www.ejnq.gov.cn/col/col1853/index.html.

[15] 江南古镇：朱家角[OL]. 上海名镇志官网：http://www.shtong.gov.cn/Newsite/node2/node71994/node72081/node72097/index.html.

[16] 爨底下村[J]. 休闲农业与美丽乡村，2016.04.

本图书由北京出版集团有限责任公司依据与京版梅尔杜蒙（北京）文化传媒有限公司协议授权出版。

This book is published by Beijing Publishing Group Co. Ltd. (BPG) under the arrangement with BPG MAIRDUMONT Media Ltd. (BPG MD).

京版梅尔杜蒙（北京）文化传媒有限公司是由中方出版单位北京出版集团有限责任公司与德方出版单位梅尔杜蒙国际控股有限公司共同设立的中外合资公司。公司致力于成为最好的旅游内容提供者，在中国市场开展了图书出版、数字信息服务和线下服务三大业务。

BPG MD is a joint venture established by Chinese publisher BPG and German publisher MAIRDUMONT GmbH & Co. KG. The company aims to be the best travel content provider in China and creates book publications, digital information and offline services for the Chinese market.

北京出版集团有限责任公司是北京市属最大的综合性出版机构，前身为 1948 年成立的北平大众书店。经过数十年的发展，北京出版集团现已发展成为拥有多家专业出版社、杂志社和十余家子公司的大型国有文化企业。

Beijing Publishing Group Co. Ltd. is the largest municipal publishing house in Beijing, established in 1948, formerly known as Beijing Public Bookstore. After decades of development, BPG now owns a number of book and magazine publishing houses and holds more than 10 subsidiaries of state-owned cultural enterprises.

德国梅尔杜蒙国际控股有限公司成立于 1948 年，致力于旅游信息服务业。这一家族式出版企业始终坚持关注新世界及文化的发现和探索。作为欧洲旅游信息服务的市场领导者，梅尔杜蒙公司提供丰富的旅游指南、地图、旅游门户网站、App 应用程序以及其他相关旅游服务；拥有 Marco Polo、DUMONT、Baedeker 等诸多市场领先的旅游信息品牌。

MAIRDUMONT GmbH & Co. KG was founded in 1948 in Germany with the passion for travelling. Discovering the world and exploring new countries and cultures has since been the focus of the still family owned publishing group. As the market leader in Europe for travel information it offers a large portfolio of travel guides, maps, travel and mobility portals, Apps as well as other touristic services. Its market leading travel information brands include Marco Polo, DUMONT, and Baedeker.

DUMONT 是德国科隆梅尔杜蒙国际控股有限公司所有的注册商标。

DUMONT is the registered trademark of Mediengruppe DuMont Schauberg, Cologne, Germany.

杜蒙·阅途 是京版梅尔杜蒙（北京）文化传媒有限公司所有的注册商标。

杜蒙·阅途 is the registered trademark of BPG MAIRDUMONT Media Ltd. (Beijing).